ET SI LE SOLEIL SE LEVAIT
À NOUVEAU SUR L'EUROPE ?

Le Cercle des économistes

ET SI LE SOLEIL SE LEVAIT À NOUVEAU SUR L'EUROPE ?

Sous la direction de
Jean-Hervé Lorenzi et Christian de Boissieu

Fayard

Cet ouvrage n'aurait pas vu le jour sans la remarquable contribution d'Hélène Clément et Clara Pisani-Ferry, tant pour la conception générale du livre que pour le dialogue permanent qu'elles ont mené avec tous les auteurs.
Qu'elles en soient ici remerciées.

Couverture : atelier Didier Thimonier ;
document © Bjorn Holland / Getty Images

ISBN : 978-2-213-67817-7

SOMMAIRE

7

Sommaire

INTRODUCTION

Ce livre est un défi

Jean-Hervé Lorenzi et Christian de Boissieu

Ce livre est un défi. Celui de vingt-cinq auteurs qui regardent l'Europe sans nostalgie, comme un objet de devenir. Cela signifie simplement que, pour tous, venus de tous les continents, l'histoire n'est pas écrite. Rien n'est déterminé, tout est entre les mains des Européens. Plus exactement, s'il y avait une trace de nostalgie, elle se retrouverait dans le regard que les uns et les autres portent sur un continent qui inventa la démocratie, lança les premières révolutions industrielles initiant une partie – une partie seulement – de la connaissance humaine, et qui aujourd'hui se trouve confronté à la plus terrible situation qu'il ait connue, à l'exception de ses guerres civiles.

Le destin de l'Europe se joue en quatre mots et nul ne sait si la voie qu'emprunteront la génération actuelle et les suivantes permettra de tirer parti des exceptionnelles ressources humaines dont le continent dispose. Ces quatre mots ou expressions sont des *certitudes absurdes*, des *incertitudes profondes*, des *incohérences tragiques* et des *convergences nécessaires*.

Des certitudes absurdes. Absurde, c'est évidemment cette description donnée par Robert W. Fogel de l'avenir du monde. Notre Prix Nobel fait preuve de la naïveté la plus déconcertante lorsqu'il prévoit la répartition du PIB mondial en 2040. Imaginez un instant que l'Inde représenterait 12 %, les États-Unis 14 %, la Chine 40 % et l'Europe à peine 5 % : ces statistiques relèvent de l'inanité pure et simple et procèdent de l'hypothèse tout aussi absurde que la progression des pays en rattrapage se poursuivrait sur le même rythme qu'aujourd'hui. C'est cette même approche qui avait permis de prévoir statistiquement que l'Union soviétique dépasserait les États-Unis au cours de la seconde partie du XXe siècle ! Comme si le rattrapage que l'Europe a connu après la Seconde Guerre mondiale n'était pas l'illustration parfaite de ce que, à un moment donné, les économies qui utilisent largement la technologie et le savoir-faire du leader voient leur activité ralentir, tout simplement parce qu'il y a une telle marge entre l'imitation et l'innovation.

Et puis, c'est oublier le caractère cyclique des économies. Dans les années 1980, les États-Unis apparaissaient comme un pays en déclin jusqu'à ce qu'ils rebondissent dans les années 1990 et reprennent une large partie de leur leadership. L'Allemagne elle-même, qui a connu une trajectoire exceptionnelle, peut-être la plus impressionnante de ces dernières décennies, était au début des années 2000 le pays d'Europe le plus en difficulté du fait de sa réunification. On pourrait ainsi égrener les surprises, les évolutions non prévues, les ruptures qu'ont connues les grands pays, mais surtout les énigmes que les économistes ont eu bien du mal à interpréter.

La seconde moitié du XIXe siècle est sur ce plan exemplaire. Comment les États-Unis vont-ils dépasser l'Empire britannique en si peu de temps alors que ce dernier disposait de toutes les ressources humaines, militaires et économiques pour maintenir son rang ? John Habakkuk a proposé une hypothèse. La rareté de la main-d'œuvre avait conduit les États-Unis de l'époque à substituer du capital au travail. Comme ils disposaient d'un réservoir de technologies exceptionnel mais encore peu utilisé, car l'incitation à l'investissement était trop insuffisante dans ces domaines, les États-Unis se sont finalement retrouvés le pays le plus dynamique, et d'ailleurs le sont restés.

Mais, bien d'autres hypothèses fleurissent : celles du réseau de chemin de fer combattues par Fogel, celles des ressources disponibles. C'est dire si on doit être prudent dans ces approches prospectives. Les principaux éléments fondateurs du modèle de croissance du XXIᵉ siècle qui se mettent doucement en place perturberont vraisemblablement les affirmations trop rapides.

Une autre pseudo-incertitude est tout aussi discutable : celle de David Landes ou de Niall Ferguson qui consiste à donner à l'Europe, et plus globalement à l'Occident, le rôle naturellement dominant pour le passé, le présent et vraisemblablement le futur. On ne peut faire le reproche ni à l'un ni à l'autre de sous-estimer l'histoire économique de la Chine, sa place éminente tout au long de l'histoire jusqu'en 1820, mais il n'empêche que « ce contretemps asiatique confirme implicitement [...] le rôle de l'Occident comme force motrice du développement économique et de la modernité ». Finalement, « s'il est une chose que nous apprend l'histoire du développement économique, dit David Landes, c'est que la culture fait la différence ».

Les derniers avatars de cette approche se retrouvent aujourd'hui dans une vision impériale et impérialiste des États-Unis. Kagan, Barber et autres Huntington, pour qui la fracture essentielle du monde est celle qui considère comme plus civilisés, donc quelque part plus respectables, les grands pays occidentaux incluant l'Europe. Éloignons-nous de ces visions qui tiennent l'avenir pour certain, comme si elles étaient dans les secrets du destin alors même que l'histoire humaine n'a vraisemblablement jamais été aussi illisible.

Des incertitudes profondes. S'il y a une seule certitude en matière de prospective économique, c'est le rôle majeur de la démographie. Fernand Braudel avait raison : « À court terme comme à long terme, à l'étage des réalités locales comme à l'immense échelle des réalités mondiales, tout est lié au nombre, aux oscillations de la masse des hommes. » Et là, le phénomène clé qui touchera progressivement tous les continents et au premier rang l'Europe, c'est évidemment celui du vieillissement. Le plus intéressant est que cette diffusion, dont les effets seront l'élément majeur de l'évolution économique mondiale, se fait selon une chronologie extrêmement précise. D'abord, la baisse du taux de mortalité des nouveau-nés. Ensuite, la baisse du taux de fécondité. Et, enfin, l'allongement de la durée de vie. Tout cela concourt à la hausse de l'âge moyen des populations. L'Europe est évidemment la première affectée par ce mouvement, essentiellement parce qu'elle était en avance sur le plan sanitaire. Ensuite, parce que les femmes ont des activités professionnelles plus qu'ailleurs. Enfin, parce que les systèmes de soins y sont particulièrement développés. C'est la partie certaine de l'évolution. Mais bien des paramètres jouent encore. Le même Robert W. Fogel nous annonce qu'en 2040 l'Europe des Quinze ne représentera plus que 4 % de la population mondiale, ce qui, à côté du milliard cinq cents millions d'Indiens et du milliard quatre cent cinquante millions de Chinois, paraît bien faible. Mais cette prévision ne prend pas en compte les formidables mouvements migratoires qui auront lieu dans les trente ans qui viennent, car l'Europe sera loin d'être un repoussoir ; et l'on peut imaginer sans peine que cette vision si malthusienne de l'histoire européenne ne s'impose pas aussi aisément. Il n'empêche, le vieillissement européen jouera de manière déterminante dans au moins trois domaines : l'alourdissement des charges de protection sociale ; la difficulté de financer l'investissement, tout simplement parce que l'épargne utile, prête à s'investir, sera plus rare, conséquence de l'aversion au risque des personnes âgées ; et enfin, on peut le craindre, et ce serait de loin la conséquence la plus négative, un ralentissement du progrès technique.

Voilà de vrais faits qui pourraient justifier « une stagnation à l'européenne ». « Pourraient », car, là non plus, on ne peut affirmer quoi que ce soit sur des bases aussi discutables. Si l'on reprend tous ces éléments, l'un apparaît comme majeur, car l'histoire économique nous apprend que le progrès technique fut l'un des moteurs essentiels de la croissance. Mais ce progrès technique, bien des économistes aujourd'hui commencent à le présenter comme plutôt devant nous que derrière nous, du moins depuis la révolution numérique, c'est-à-dire depuis une vingtaine d'années. Si tel était le cas, la politique à mener se retrouve en première ligne, car rien ne permet de prévoir la forme que prendra le progrès technique, les secteurs d'activités qu'il investira, l'importance qu'il pourra jouer respectivement sur les biens de consommation et sur les processus de production de ces biens. Rien ne permet donc de savoir si le gagnant de cette future révolution industrielle se situera d'un côté ou de l'autre de l'Atlantique, à l'est ou à l'ouest. C'est évidemment à l'Europe – mais quelle Europe ? –

d'agir pour utiliser toutes ses capacités, ses compétences, afin d'être le pôle des bouleversements technologiques à venir. Cette éventualité n'a rien d'absurde surtout dans les domaines de la santé, des transports et des loisirs, apanages des populations vieillissantes. D'une certaine manière, l'Europe vieillissante pourrait dans ce contexte créer les conditions mêmes d'une croissance nouvelle, largement fondée sur des technologies réinventées, et évidemment sur une organisation du marché des biens et services privés et collectifs, de même que sur une dynamique d'investissement et un marché du travail entièrement remodelés.

C'est là que se situe la véritable rupture entre ce livre et la doxa actuelle : l'Europe est-elle capable de se transformer au point d'inventer une partie de ce que sera le monde de demain ? Nous n'affirmons rien, mais nous ne la condamnons pas à un déclin irréversible. Pourquoi ? Parce que la classe politique européenne – fragmentée toujours, conflictuelle souvent – demeure d'une qualité telle qu'on ne peut rien écarter définitivement, y compris le rebond. Et, pourtant, ce n'est pas ce que l'on pourrait naturellement penser aujourd'hui. On a plutôt tendance à oublier *Des incohérences tragiques.* Tout est fait pour conduire l'Europe à l'échec. La construction de l'euro, qui fut sans nul doute la novation la plus importante au monde de ces vingt dernières années, s'est fondée sur un terrain solide et des sables mouvants. Le terrain solide, c'est l'existence d'un marché unique et d'une Europe première puissance commerciale du monde. Les sables mouvants, ce sont les divergences économiques naturelles entre pays dont les trajectoires sont parfaitement dissemblables. Rien ne pourra empêcher que l'impact de la réunification de l'Allemagne ait été formidablement positif et qu'elle l'ait conduite à restructurer son système industriel en rebâtissant une compé-

16

titivité fondée sur des efforts et sur l'existence d'une zone d'Europe de l'Est fournisseuse de main-d'œuvre et avide de consommation. Rien n'empêchera des pays à l'histoire plus fragile de se réfugier derrière une monnaie unique protectrice, une balance des paiements commune excédentaire et d'abandonner progressivement toute vision stratégique de leur devenir et toute exigence de bonne gestion. Ce sont des faits contre lesquels il est impossible de lutter, mais qu'il est impératif de borner par des mécanismes de régulation. Il y en a eu, y compris pour la coordination budgétaire. De même que l'Europe a su faire face à des crises bancaires et souveraines majeures, elle s'est constitué progressivement une vraie doctrine de l'équilibre budgétaire. Mais là n'est pas le sujet. Le problème se résume à deux énormes difficultés : l'arrêt de flux d'épargne venus des pays du nord de l'Europe et destinés à financer ceux du sud, notamment leur réindustrialisation et l'incapacité de définir une stratégie commune à plus de six mois.

Aujourd'hui, chacun y va de sa solution, de sa modification de traité, de sa vision du fédéralisme, de sa construction politico-administrative impraticable. S'impose alors dans les esprits et dans les faits la pire des solutions, celle de l'hégémonie d'un pays, ce qui n'est évidemment ni souhaitable ni durable. Bien sûr, on évoque l'axe franco-allemand sans avoir une idée précise de son contenu. D'un autre côté, on utilise abusivement le terme de fédéralisme en imaginant une transposition du modèle des États-Unis, ce qui, si la solution était bonne, nous laisserait quelques décennies sans projets, car personne de réaliste ne peut envisager une telle mutualisation politique à court terme. L'incohérence, c'est celle qui sépare les pays de la zone euro des autres. Mais la plus tragique, c'est ce ballet ininterrompu entre une Commission tatillonne et sans perspectives, un Conseil européen sans vrai leadership stratégique – si ce n'est aujourd'hui celui d'une règle imposée par un seul pays – et un Parlement qui ne représente guère des populations désemparées. Tableau désolant, mais vraisemblablement inexact. C'est ce que les contributions rassemblées ici mettent en exergue : l'évidence de l'Europe. Les intérêts sont communs, bien des instruments existent. Les jeunes générations considèrent que l'Europe est leur terrain de jeu. Rien de ce qui pourra se passer au XXIe siècle ne condamne ces nations à disparaître de la scène mondiale.

Des convergences nécessaires. On l'a évoqué à propos de tous les pays du monde. Chacun souhaite qu'à terme les continents les plus défavorisés nous rattrapent en niveau de vie et en bien-être. Comment est-il possible que ce qui s'applique avec tant de complaisance à l'Asie ou l'Afrique ne puisse fonctionner entre cette trentaine de pays si proches les uns des autres par leur histoire, leur culture et leur vie économique ? La notion de convergence peut impliquer un chef de file, sûrement pas une influence prépondérante, et surtout, l'objectif premier et unique, c'est le rattrapage. Si tel est le but à atteindre, les politiques économiques et les instruments de celles-ci ne peuvent se contenter de parler de rigueur, elles ont besoin de projets, d'avenir, de programmes montés ensemble. Alors, nous dira-t-on, pourquoi n'est-ce pas le cas ? Parce que, comme le dit Andrew Moravcsik, le problème est d'abord dans les têtes européennes : la difficulté de vivre, et non pas de vivre ensemble, et l'impossibilité d'exprimer aujourd'hui ce que peut être une transformation partagée, et non pas commune, de nos modes de production et de consommation. Le projet politique ne peut être ni le mimétisme d'outre-Atlantique ni les querelles permanentes d'aujourd'hui. C'est un modèle original, qui regroupe des pays à l'histoire si chargée et à la culture si forte qu'on ne peut se contenter d'imaginer une quelconque uniformisation. C'est un projet politique qui donne vraisemblablement à l'économique le rôle déterminant et qui, pour atteindre en vingt ans cette convergence nécessaire, dispose d'une banque centrale plus active qu'aujourd'hui, d'une coordination budgétaire d'autant plus ferme que les ressources financières proprement européennes seront renforcées, d'une capacité d'émission de titres européens pour les projets, des « eurobonds », massive, car c'est le vecteur normal de transfert d'épargne entre les différentes zones européennes. Le politique s'impose alors comme celui qui est capable de mettre en œuvre cette stratégie si bien exprimée dans ce livre par les contributions sur la résistance nécessaire et sur la construction de l'avenir. L'Europe ne sera pas, à elle seule, le centre du monde comme elle l'a été au XIXe siècle. Le monde, en effet, sera bien plus multipolaire qu'auparavant, mais elle sera sûrement l'élément clé pour les décennies à venir.

Ce livre est le premier à montrer que le pessimisme des politiques et leur fatalisme n'ont aucun fondement théorique. L'avenir de l'Europe nous appartient. Nous avons donc essayé de l'éclairer. À tous nos lecteurs de se convaincre et de convaincre qu'il est possible de le bâtir.

PREMIÈRE PARTIE

ET SI LE DÉCLINISME EUROPÉEN ÉTAIT UNE ERREUR ?

2025 : L'Europe à nouveau le centre du monde

Olivier Pastré

En cette fraîche matinée du 22 septembre 2025, Thomas Hollande et Dieter von Tiese, le gendre d'Angela Merkel, sont fiers d'eux et, devant les caméras, reproduisent, main dans la main, le geste hautement symbolique qu'avaient fait, en 1984, François Mitterrand et Helmut Kohl. Ils peuvent être fiers, car ce sont eux qui ont convaincu leurs électorats respectifs d'opérer en 2021 la fusion de leurs deux pays, donnant ainsi naissance à la troisième puissance mondiale, solidement campée sur les bases d'une croissance annuelle du PIB supérieure à 3 %. Le Parlement siège à Paris et le gouvernement à Francfort (et non à Berlin). Thomas préside et Dieter gouverne. Résultat ? Un bloc démographique fort de 145 millions de personnes. Un PNB de 6 000 milliards d'euros. Une balance commerciale en excédent de plus de 100 milliards d'euros. Un taux de chômage ramené à moins de 6 %.

Ce résultat est le fruit de la complémentarité presque parfaite entre les composantes de cette nouvelle alliance. L'Allemagne apporte deux précieux actifs dans la corbeille de mariage : sur le plan de la méthode, sa rigueur budgétaire, son expérience de la décentralisation et son sens du compromis salarial ; et, sur le plan des résultats, une industrie performante, investissant massivement en recherche et développement, structurée autour d'entreprises de taille intermédiaire bien positionnées sur les marchés mondiaux les plus porteurs et donc puissamment exportatrices. Mais la France dispose d'une dot économique tout aussi précieuse et, surtout, permettant de pallier les faiblesses du « modèle rhénan », une démographie orientée à la hausse (2 enfants par femme contre 1,4 en Allemagne) ; un taux d'épargne élevé permettant aux Français de disposer d'un patrimoine moyen, prêt pour partie, à s'investir dans de nouveaux projets communs (300 000 euros en 2011 contre 200 000 en Allemagne) ; enfin, un système bancaire concentré et donc capable de financer une croissance potentielle ambitieuse. Cela sans même parler de l'effet de masse que produit, au niveau des entreprises, ce nouvel ensemble. Un tel pays dispose, en effet, du leadership mondial dans au moins six secteurs : l'énergie, le BTP, la chimie, la mécanique, la pharmacie et l'aéronautique.

Troisième charme incontestable d'une telle union : l'effet d'entraînement provoqué en matière de construction européenne. Les vingt-cinq autres pays de l'Union perdent ainsi un peu moins de temps à nouer d'improbables alliances avec l'un ou l'autre des deux piliers de l'Europe et se concentrent davantage sur les voies et les moyens leur permettant d'arrimer leur croissance à cette nouvelle locomotive économique. Il est clair que ce nouveau géant économique, de par sa puissance et sa capacité de réaction, a aussi permis de faire resurgir (en particulier pour les jeunes générations) l'ingrédient qui manquait le plus en France et dans une partie de l'Allemagne dans leur quête d'une difficile sortie de crise, à savoir la confiance, indispensable ciment de la croissance et donc de la création d'emplois. Oh, certes, les voies qui ont mené à cette fusion ont été particulièrement tortueuses et semées d'embûches. Il n'empêche. Nous y sommes enfin arrivés et la physionomie de la gouvernance mondiale s'en est trouvée durablement modifiée. L'économie mondiale a retrouvé, à partir de 2017, un rythme de croissance annuel de 4 %. Ce rebond a eu deux causes principales.

D'abord, la prise de conscience du caractère profondément récessif des réglementations comptables et prudentielles qui régissaient, jusqu'en 2016, la finance mondiale. L'Europe a reconquis cette année-là sa souveraineté comptable, en dénonçant le contrat qui la liait au Bureau international des normes comptables et, quelques mois plus tard, les normes Bâle IV pour les banques et Solvency III pour les assureurs, adoptées par l'ensemble des pays développés, ont enfin acté le fait que la stabilité financière ne pouvait pas s'imposer au prix de la croissance économique.

Le deuxième ressort de ce sursaut économique a été la relance de l'effort de R&D. En partie du fait de la crise – mais en partie seulement –, l'effort de recherche, véritable terreau de l'innovation et donc de la création de valeur, s'était relâché depuis le début du XXIe siècle. En Europe, notamment, l'esprit de l'agenda de Lisbonne, arrêté en mars 2000, ne soufflait plus que par intermittence. Il fallait réagir. C'est ce qui a été fait en 2016 par une initiative du G20 fixant des objectifs chiffrés et relativement contraignants aux investissements publics de Recherche et Développement de ses membres. C'est sur cette base que des minirévolutions industrielles ont vu le jour tant dans le secteur des technologies de l'information et de la communication que dans ceux des nanotechnologies et des énergies renouvelables.

Dans cet environnement économique recomposé, la croissance économique a pu repartir sur de nouvelles bases. Elle a profité aux pays de l'OCDE et aux BRICS mais aussi à toute une série de pays, jadis pauvres, qui se sont mis, à leur tour, à émerger. Ce fut notamment le cas de ceux que l'on appelait dans les années 2010-2015 les « next 13 ». Ces treize pays (Afrique du Sud, Argentine, Égypte, Indonésie, Iran, Malaisie, Mexique, Nigeria, Philippines, Thaïlande, Turquie, Ukraine et Vietnam), aux profils économiques et géopolitiques très différents, avaient tous un point commun : une démographie très tonique à laquelle un investissement massif dans le système éducatif et une politique industrielle tirant les enseignements du passé ont donné un pouvoir de « destruction créatrice » (Joseph Schumpeter) de premier plan. Ce cercle vertueux s'est en particulier manifesté en Afrique dès lors que l'Europe a pris conscience du potentiel que recelait une intégration plus poussée avec ce continent.

Mais l'Europe, au cours de cette période, ne s'est pas seulement distinguée par le renouvellement de sa politique commerciale et de ses investissements extérieurs. Bien que handicapée par le traité de Nice (2001), qui avait fait le choix de l'élargissement avant celui de l'approfondissement, l'Europe, par une politique de petits pas institutionnels, s'est progressivement dotée d'une gouvernance économique, sinon optimale, au moins opérationnelle et remise sur le droit chemin. L'Espagne et l'Italie se sont réindustrialisées et assagies budgétairement. Tout naturellement, l'Angleterre a quitté le navire européen pour connaître une des plus graves crises de son histoire au début des années 2020, démontrant ainsi qu'une économie nationale d'un certain rang ne peut pas reposer sur la seule finance. L'Europe continentale, quant à elle, a su progressivement trouver un équilibre entre la discipline budgétaire et les investissements d'avenir. Des eurobonds ont pu ainsi être lancés une fois mis en place les instruments de contrôle budgétaire rendant les comportements de « passagers clandestins » plus inconfortables et les « effets d'aubaine » moins nombreux.

De même, à la surprise de très nombreux observateurs, une véritable politique industrielle européenne a pu être lancée avec des contraintes très strictes et dans des secteurs – l'énergie, les infrastructures et les TIC – clairement délimités. Dans cette Europe convalescente, la France a su dignement tenir son rôle. Après avoir facilement bouclé la réforme de son système de retraite, elle s'est attaquée de manière déterminée aux dépenses de l'État et, en moins de dix ans, le déficit budgétaire a pu céder la place à un excédent à partir de 2019 et le niveau des prélèvements obligatoires a commencé à refluer. La France, ayant enfin compris que l'avenir passait par la formation (professionnelle aussi bien qu'initiale) et que l'« immigration choisie » constituait non une menace mais au contraire une chance, a été couronnée au détour des années 2020 première destination européenne pour les IDE (investissements directs étrangers).

Thomas Hollande et Dieter von Tiese ont d'autant plus de raisons d'être satisfaits de la renaissance européenne à laquelle ils ont contribué que le cheminement nécessaire pour arriver à un tel résultat a été tout sauf « un long fleuve tranquille ». Les États-Unis et la Chine ont connu des crises très graves, les premiers parce que la « divine surprise » des gaz de schiste et de l'indépendance énergétique qui en a découlé n'a pu que temporairement masquer les impérities budgétaires passées et répétées, et la seconde parce que l'implacable montée des coûts salariaux a, certes, permis la constitution d'une véritable classe moyenne mais aussi raboté la compétitivité de toutes ses industries de basse et même de moyenne gamme.

À cela se sont ajoutés deux types de menaces qui n'ont pu être déjouées qu'avec difficulté. D'abord, le protectionnisme, qui a franchi un pic en 2015 avec plus de cinquante conflits commerciaux portés devant la Commission de règlement des différends de l'OMC et dont les effets potentiellement dévastateurs n'ont pu être limités que par une intégration plus poussée des échanges au sein d'ensembles économiques régionaux (Europe, Afrique, Asie et Amérique latine). La deuxième menace qui ait été déjouée est celle de l'inflation. À la minute où la sortie de crise a pointé le bout de son nez, en 2019, les tensions inflationnistes ont repris, tacitement encouragées par les gouvernements les plus populistes et les plus irresponsables. Cette reprise de l'inflation a eu le mérite d'alléger pendant quelques semestres le coût de l'endettement des États mais a fait aussi renaître des craintes d'un temps que l'on croyait définitivement révolu. Ironie de l'histoire, c'est Jack Greenspan, le fils d'Alan, qui, nouvellement nommé patron de la Fed, se fit le plus vigoureux opposant au laxisme monétaire que les sénateurs républicains appelaient de leurs vœux et que son père avait érigé en doctrine à la fin des années 1990.

L'Europe elle-même s'était progressivement intégrée, certes, mais n'en avait pas moins connue des soubresauts économiques plus qu'inquiétants. L'Espagne et l'Italie avaient frôlé le collapsus avant de se ressaisir ; le populisme ambiant avait donné lieu à de violentes « jacqueries » dans certains pays et une partie significative des grands groupes européens était passée sous pavillon étranger. La Société générale était ainsi désormais indienne et Fiat, chinoise. Mais, comme nous l'avons vu, l'Europe avait su réagir à temps et Thomas Hollande pouvait rendre grâce à ses pré-décesseurs d'avoir tenu bon sur le tempo des réformes. Après le second quinquennat de François Hollande, Laurent Wauquiez, de 2022 à 2027, avait su garder le cap de la modernisation de l'économie française.

Thomas Hollande pouvait, après les deux premières années de son quinquennat, se faire enfin un peu plaisir. Aussi avait-il accepté de prononcer le discours d'ouverture des 26e Rencontres Économiques d'Aix-en-Provence organisées par le Cercle des économistes qui venait de lancer une OPA réussie sur le Forum de Davos, celui-ci, contrairement à son homologue français, n'ayant pas su s'adapter à temps à la nouvelle donne de l'économie mondiale. Mal lui en a pris...

1

L'Europe sur le divan

Andrew Moravcsik

Le monde dans lequel nous vivons aujourd'hui se distingue par l'existence d'un paradoxe géopolitique étonnant : l'Europe exerce dans le monde une influence supérieure à celle de la Chine, mais n'en tire aucun crédit. C'est l'Europe et non la Chine qui reste sans conteste l'« autre » superpuissance mondiale à côté des États-Unis et qui devrait conserver ce statut pendant longtemps encore. Pourtant, ce sont les Européens qui doutent de leur puissance, ont tendance à se sous-estimer, voire à se dénigrer. Cette situation paradoxale n'est bonne ni pour l'Europe ni pour le monde et pourrait même avoir de graves conséquences.

En quoi consiste la puissance de l'Europe ?

La puissance militaire de l'Europe – ce qu'on appelle la « puissance dure » – se classe juste derrière celle des États-Unis et son influence géopolitique – qu'on appelle communément « puissance douce » ou « pouvoir civil » – reste inégalée.

Quelques chiffres éloquents : environ 25 % des dépenses militaires mondiales se concentrent en Europe, contre 7 % en Chine. Ces vingt dernières années, l'Europe, qui a participé à la plupart des vingt-cinq interventions déclenchées durant cette période, a pu maintenir une présence militaire sur divers lieux de conflits à hauteur de 50 000 à 100 000 hommes. La Chine se contente, elle, d'un engagement extraterritorial modeste avec 2 000 hommes déployés au cours de rares interventions. C'est l'Europe et non la Chine qui dirige les opérations militaires dans des pays comme la Libye, le Liban ou la Côte d'Ivoire. En fin de compte, la Chine n'est présente nulle part dans le monde.

L'Europe a la chance et le mérite d'avoir créé, à peu d'exceptions près, une zone de paix et de prospérité avec des frontières stables. Elle compte des dizaines d'alliés, de nombreux amis dont les États-Unis avec lesquels elle entretient des liens étroits. À l'inverse, la Chine est essentiellement entourée de rivaux et n'a qu'un seul « allié » indéfectible : la Corée du Nord !

Le rôle de l'Europe a évidemment ses limites quand on prend en compte les nombreuses contraintes qui bornent aujourd'hui l'action militaire, d'où qu'elle vienne. C'est donc le pouvoir civil, cette puissance douce de l'Europe, qui fonde l'essentiel de sa supériorité. Pour en comprendre à la fois la nature et l'importance, essayons de regarder de plus près quelques-unes de ses manifestations. L'élargissement de l'Europe est sans doute une des illustrations les plus évidentes de cette puissance douce. Le processus d'élargissement peut être effectivement considéré en termes de coûts comme l'instrument stratégique le plus économique qu'on ait imaginé depuis la fin de la guerre froide pour instaurer un nouvel ordre et la paix en Europe. On pourrait même dire que cet instrument s'est révélé bien plus efficace que toutes les interventions américaines au Moyen-Orient. Il est sans précédent dans le reste du monde.

Sur le plan économique, l'Europe est la plus grande puissance commerciale du monde. Plus important encore, les investissements directs à l'étranger (IDE) transatlantiques continuent à représenter 60 % des investissements mondiaux. En outre, plus de 50 % de l'aide humanitaire mondiale provient de l'Europe.

L'Europe exerce aussi d'autres formes d'influence, qu'elles soient juridiques, politiques, sociales ou culturelles. Elle domine notamment les organisations internationales et accueille quatre fois plus d'étudiants étrangers (non européens) que les États-Unis. En plus de certaines valeurs libérales liées aux marchés, l'Europe se fonde sur des valeurs fondamentales telles que le parlementarisme ou la protection sociale. Sa conception des droits de l'homme, bien moins chauvine que celle des États-Unis, gagne du terrain partout dans le monde.

Cette situation n'est pas appelée à changer quelle que soit l'issue de la crise de l'euro. La puissance militaire de la Chine ne dépassera pas celle de l'Europe avant 2050 et celle de l'Amérique avant 2100. Sur le plan économique, un revenu par tête relativement élevé et des institutions politiques stables restent les deux grands atouts de l'Europe.

QUELLES CONSÉQUENCES POUR LA POLITIQUE ÉTRANGÈRE EUROPÉENNE ?

Les Européens occupent donc de multiples positions dominantes tant sur le plan militaire que civil. Mais ils ont tendance à les sous-estimer. Quelles sont les conséquences du hiatus entre la réalité de l'influence européenne et la perception névrotique qu'en ont les Européens ?

En ce qui concerne les relations avec les États-Unis, celles-ci devraient rester relativement saines. Si l'une des deux puissances s'engageait sur le terrain militaire, économique ou juridique dans le reste du monde et refusait de le faire de façon multilatérale, une coopération entre l'Europe et les États-Unis resterait inéluctable. Le manque de coordination entre les positions des pays européens lors de la guerre d'Irak, à laquelle certains étaient viscéralement hostiles, reste une anomalie exceptionnelle et ne doit pas être dramatisée. Toutes les autres interventions, dont celle en Libye, ont été largement consensuelles et ont démontré que les relations transatlantiques étaient beaucoup plus coopératives que pendant la guerre froide.

Contrairement aux relations entre les États-Unis et la Chine ou entre la Chine et l'Europe, les liens économiques, sociaux et juridiques entre les États-Unis et l'Europe sont si étroits qu'ils sont de fait indissolubles. Dans la foulée de la crise de l'euro, il peut certes y avoir des différends sur des points tels que la parité des devises ou même sur des questions géostratégiques telles que la politique au Moyen-Orient. Mais tout cela reste normal et contrôlable, et ce type de frictions n'empêche pas que nous restions dans le cadre de l'ordre économique occidental et de ses normes légales qui prévalent de plus en plus dans le monde.

La poursuite de la crise de l'euro est-elle de nature à infirmer l'analyse faite jusqu'ici ? Il est vrai que le commentaire politique souffre d'une tendance à suivre les gros titres des journaux et à extrapoler au mépris de toute prudence scientifique : oui, la crise de l'euro est sérieuse, mais il serait irresponsable d'en surestimer l'importance ou de la considérer d'un point de vue trop romantique comme une preuve de la baisse de crédibilité de l'Europe. Nombre d'Européens pensent en effet que la crise empêchera à l'avenir le reste du monde de prendre exemple sur l'Europe et détruira sa puissance symbolique. Je suis convaincu qu'une perspective plus pragmatique doit être adoptée dans l'analyse de l'Europe et qu'il est juste de considérer que ses atouts ne sont pas de l'ordre du symbolique : ils sont d'abord matériels et politiques.

Il est certes important que l'Europe renoue avec la croissance, mais les avantages qu'elle offre, le revenu par habitant, les institutions gouvernementales qui la caractérisent ou même ses orientations politiques continueront d'exister en dépit de la crise. Il est évident que les différentes politiques européennes seraient sans doute confortées si l'Europe parvenait à résoudre celle-ci en approfondissant l'intégration dans les structures de l'Union et en réformant les politiques nationales. Mais imaginons un instant de quoi les États membres seraient capables s'ils étaient libérés des conséquences du chaos financier et monétaire actuel, donc des boulets de la récession et d'un écart de compétitivité de 30 % par rapport aux pays émergents ! Ce qui est important, c'est la croissance, ce n'est pas la sauvegarde de l'euro. Toute politique qui visera à renouer avec la croissance sera une bonne politique pour l'Europe.

Il faut comprendre que le fardeau qui pèse le plus sur la politique étrangère de l'Europe n'est ni l'éventualité de la disparition d'une « Europe modèle » ni l'échec occasionnel de telle ou telle de ses stratégies. Le problème, c'est le pessimisme structurel des Européens qui perdure en dépit de leurs performances les plus brillantes et qui les empêche de « se vendre » à leur vrai prix. L'Europe *est* une superpuissance, ce que les Européens n'admettent ni vis-à-vis des autres ni vis-à-vis d'eux-mêmes.

Deux exemples à l'appui de cette thèse peuvent être donnés. Il y a quelques années, l'Europe a reconnu l'indépendance du Kosovo, mettant ainsi fin, après de longues années, au blocage des négociations euro-kosovares, ce qui a résolu les impasses juridiques et les problèmes de frontières, et a permis à l'aide internationale de pénétrer à nouveau dans le pays. Et, pourtant, que n'a-t-on pas pu lire à la une des journaux ! Que cinq États membres s'étaient abstenus, qu'une action commune européenne avait encore une fois échoué... Pourquoi ne pas considérer que, aussi longtemps que le processus de décision fonctionne et qu'il a permis d'aboutir à une position européenne, le vote individuel est négligeable ? Cette flexibilité, qui permet à un pays d'accepter en pratique une politique qu'il désapprouve en principe, n'est-elle pas finalement exemplaire ? Seuls les fédéralistes européens les plus farouches refusent de l'admettre.

Autre exemple, la Libye. Ce sont les Européens qui ont pris l'initiative, ce sont eux qui ont joué un rôle prééminent dans l'intervention, ce sont eux qui ont payé plus de 75 % de la facture et qui ont en même temps permis l'émergence d'une nouvelle vision américaine de la politique étrangère. L'opération a coûté 1 milliard d'euros aux contribuables, cela n'est rien comparé à l'échec américain en Irak qui s'est transformé en gouffre financier de 1 000 milliards d'euros (minimum) sur dix ans pour les États-Unis. Là encore, que n'a-t-on pas dû lire dans la presse ! C'était un échec pour l'Europe parce que l'opération ne s'était pas déroulée sous l'égide des Nations unies, parce que l'Allemagne n'y avait pas pris part, parce que les militaires – qui ne perdent pas une occasion de réclamer des fonds supplémentaires – se sont plaints de l'insuffisance de leurs moyens et parce que certains aspects de l'opération, comme des tâches de renseignements et certains bombardements de précision, ont dû être exécutés par les États-Unis. Ce type de raisonnement a même fini par contaminer les meilleurs, y compris mon ami Steven Erlanger[1] qui a proclamé que la Libye était le genre de succès dont on ne voulait « plus jamais ». Comme le président Obama dont on retiendra les propos sur le sujet, je pense au contraire que la Libye est le prototype même d'une opération euro-transatlantique efficace et peu coûteuse, un type d'opération sous direction européenne que les États-Unis et l'Europe pourraient mener ensemble plus souvent.

L'EUROPE SUR LE DIVAN

Il est indispensable que les Européens comprennent que leur pessimisme persistant n'est pas une forme attendrissante ou innocente de modestie politique : en termes de relations publiques, nous avons affaire ici à un véritable désastre et à une menace pour les relations géopolitiques mondiales. Cela est vrai non seulement pour les opinions publiques, qui ne rendent guère justice à l'Union européenne ou aux gouvernements des États membres qui coopèrent pourtant activement pour l'intérêt commun, cela est vrai pour les relations internationales dans leur ensemble. Notamment pour les relations avec Washington et Pékin que ce soit aux États-Unis ou en Chine – j'y ai vécu un an avec ma famille et j'ai passé le plus clair de mon temps à expliquer l'Union européenne aux hommes politiques américains et chinois ! J'ai compris que, si les responsables européens continuent à se répéter et à clamer partout que l'Europe est impuissante et au bord du gouffre, le monde finira par croire ces défaitistes et la prophétie des Euro-

1. Steven J. Erlanger est depuis 2008 le correspondant du *New York Times* à Paris.

péens sur eux-mêmes finira par s'autoréaliser. En général, les Américains et les Chinois sont beaucoup plus pragmatiques. Jamais ils ne parleraient d'eux-mêmes comme le font les Européens. Même s'ils sont impuissants ou s'ils ne contrôlent plus une situation – qu'ils ont accessoirement très mal gérée –, ils parlent en termes de réussite et de maîtrise ! Sous aucun prétexte, ils ne quitteraient le registre de la certitude afin de préserver l'intégrité de leurs actions.

L'analyse du problème des Européens dépasse donc le cadre étroit de l'analyse politique et relève aujourd'hui de la psychanalyse politique. Accepter cette réalité permettrait de faire avancer l'Europe dans un monde qui lui aussi ne s'en porterait que mieux.

La situation est paradoxale : l'euro souffre d'un manque de légitimité démocratique. C'est ce qu'on lui reproche souvent. Mais la solution ne réside pas dans un surcroît de démocratie directe – au moins au niveau européen. Aujourd'hui, presque tout ce que fait l'Union européenne est marqué du sceau de la stricte démocratie. C'est vrai pour le Conseil européen, légitime puisqu'il est, pour l'essentiel, composé de membres élus au suffrage direct. C'est vrai pour le Conseil des ministres. C'est vrai aussi pour le Parlement européen qui est élu au suffrage direct, car toutes les décisions et régulations qui y sont décrétées sont appliquées par des gouvernements nationaux. La Commission elle-même, dont on connaît la faiblesse grandissante, est choisie indirectement par les gouvernements des pays membres.

La seule exception à cette règle est la Banque centrale européenne (BCE). Ce n'est pas seulement en raison de son indépendance. La plupart des banques centrales sont en effet indépendantes, de façon, pense-t-on, à sauvegarder leur représentativité sur le long terme auprès des peuples.

Les banques centrales sont un outil qui permet aux peuples de s'engager à long terme sur des objectifs qu'ils ne pourraient pas atteindre sans elles. Le problème est que la Banque centrale européenne est bien plus indépendante que les autres banques centrales depuis la grande époque de l'étalon-or, il y a cent ans de cela. Elle n'a de légitimité ni démocratique ni technocratique tout simplement parce que l'Allemagne et les autres pays créditeurs européens l'ont voulu ainsi. La BCE se préoccupe donc davantage de lutter contre l'inflation que de soutenir la croissance européenne. La crise que traverse l'Europe aujourd'hui et, en particulier, la déflation dont souffrent les pays de sa périphérie résultent de cet état des choses. C'est ce qui prive l'Union européenne de sa légitimité et la rend impopulaire.

Comment remédier à cette situation ? Ni les contrôles budgétaires ni les régulations bancaires ne suffisent. Pour ma part, je plaide pour que les gouvernements des États membres s'engagent sur des voies plus diversifiées et s'attachent à promouvoir des politiques de salaires, de coûts unitaires de la main-d'œuvre, en particulier dans le secteur exposé. Cette recherche de convergence de politiques devrait concerner non seulement les pays débiteurs mais aussi l'Allemagne ; elle devrait porter sur le niveau de performance macroéconomique, l'inflation des salaires et les dépenses des ménages. Pour rallier les responsables allemands à ce type de politique, il faudrait aussi accepter un certain nombre de réformes structurelles des politiques salariales, du marché du travail, des politiques d'investissements sectoriels dans les secteurs exposés et protégés, etc.

Il serait irréaliste d'attendre ces changements de politiques des fonctionnaires de Bruxelles ou de Francfort. Ils ne sont pas mandatés pour le faire, ils n'ont ni le poids politique nécessaire ni la vision technocratique partagée pour imposer des coupes budgétaires, fermer des banques, réduire ou augmenter les salaires, engager des investissements directs ou imposer des priorités macroéconomiques. La faute en revient sans doute aux différentes « variétés de capitalisme » existant en Europe, qui dépendent plus ou moins de l'inflation, des dévaluations, de l'augmentation des salaires, et on ne peut guère imaginer une quelconque harmonisation. Quoi qu'il en soit, le véritable obstacle à la convergence réside dans l'impossibilité des fonctionnaires européens à imposer une politique unique qui serait applicable à tous. Ni les peuples ni même Bruxelles n'en veulent et il y a peu de chance qu'ils changent d'avis à brève échéance.

Les tenants de solutions européennes à la crise actuelle sont convaincus que l'adhésion des populations à « plus d'Europe », voire à une unification politique, c'est-à-dire à une Europe plus démocratique, permettrait de sortir de la crise. Dans ce cadre, les décisions seraient prises par des parlements européens, des commissions élues ou par les électeurs eux-mêmes par voie de référendum ou toute autre forme de consultation populaire.

C'est une vue de l'esprit. Pour le comprendre, examinons la théorie politique sous-jacente à ce type de proposition de réformes. Le postulat est que, plus il y a de citoyens qui participent à la politique, indirectement ou par l'intermédiaire de leur Parlement, plus ils considèrent comme légitimes les décisions qui sont prises et plus ils les défendent. Ce postulat relève de la spéculation naïve. En fait, et compte tenu des recherches universitaires les plus sérieuses, elle est empiriquement fausse. Dès lors que nous nous trouvons dans un cadre démocratique – et nous avons vu que c'était le cas pour l'Europe –, rien n'indique que les citoyens soutiendraient des politiques quelles qu'elles soient sous prétexte qu'elles résulteraient d'une participation directe. En fait, ce serait plutôt l'inverse. Pour preuve, certains sondages qui montrent que les institutions politiques nationales ou les personnalités européennes les plus respectées et les plus écoutées ne sont ni les Parlements ni les élus – dont les gens se méfient particulièrement. Ils préfèrent les individus non élus ou isolés : juges, policiers, officiers, et même banquiers centraux ! Pourquoi ? Les études montrent que la plupart des gens ne jugent pas les institutions ou les notables en fonction de leur légitimité mais selon les résultats qu'ils obtiennent. Dans le cas de l'Europe, l'euro est devenu impopulaire, parce que les gens apprécient de moins en moins les conséquences qu'il génère. Il est peu probable que la situation évolue dans un avenir proche et l'euro restera impopulaire quelle que soit sa légitimité démocratique.

Que faut-il en conclure ? Sans doute que, lorsque les commentateurs ne tiennent aucun compte des réalités tangibles et qu'ils se mettent à préconiser un renforcement de l'Union et de la démocratie européenne, c'est en général qu'ils ne savent pas comment sortir de l'ornière et qu'ils cherchent à éviter les vraies problématiques d'ajustements structurels.

Les plaidoyers en faveur d'une meilleure coordination politique européenne ne résolvent aucun problème. Ils ne servent qu'à occulter les vrais problèmes et les moyens de les résoudre. En témoigne cette anecdote qui date des années 1970, en France : à l'époque, Édouard Balladur était le secrétaire général du président Pompidou. Le ministre des Affaires étrangères, alors Michel Jobert, va voir Balladur pour le consulter sur le sens de cette « nouvelle politique d'union européenne ». « Mais elle n'en a aucun et c'est ce qui en fait toute la beauté », lui répondit le secrétaire général.

2

L'Europe au cœur du monde

Anne-Marie Slaughter

En tant que spécialiste des relations internationales, ma cartographie du monde a évolué au cours des années, surtout depuis 2008, et de plus en plus depuis la crise de l'euro qui, pour moi, a commencé en avril 2010 avec l'appel au secours lancé par la Grèce, au bord de la faillite, à la communauté financière internationale. Pendant des années, j'ai essayé de convaincre mes compatriotes américains de l'importance de l'Europe pour la politique étrangère des États-Unis et tout d'un coup cette évidence à mes yeux s'est imposée à tous. Je regrette que les événements m'aient donné raison de si rude manière, mais le fait est que nous savons tous aujourd'hui que les États-Unis et l'Europe doivent travailler ensemble pour concevoir la meilleure stratégie d'association avec l'Asie.

Il n'y a pas longtemps, un membre de l'administration américaine me faisait savoir que les États-Unis et l'Europe avaient prévu de se rencontrer pour mettre au point une stratégie commune avant le forum régional de l'Asean[1]. Il

---

1. La 13ᵉ édition de ce forum a débuté le 23 février 2013 à Bangkok.
Asean : Association of Southeast Asian Nations.

s'agit là d'un changement d'attitude extrêmement significatif, plus positif encore qu'on ne peut l'imaginer aujourd'hui.
Américains et Européens auraient intérêt à se consulter de
la même manière pour discuter avec la Russie.

La crise de l'euro montre que l'Europe a besoin d'un
discours politique beaucoup plus positif que celui qu'on
ressasse actuellement. Quand on demande aux peuples de
faire des sacrifices, parler d'austérité ou même de croissance faible ne saurait susciter la volonté politique nécessaire. Barack Obama l'a bien compris en 2008 et c'est ce
qui a contribué à son élection.

Il faut certes parler d'union budgétaire, économique et
financière ; il faut non seulement en parler, mais il faut la
faire. Néanmoins, même le succès dans ces domaines ne
fera pas battre le cœur des citoyens européens ordinaires.
Il serait bien plus efficace de proposer un projet de même
nature que celui qui a soudé l'Europe il y a soixante ans.
Imaginez par exemple une communauté méditerranéenne
de l'énergie. On estime actuellement que les réserves de gaz
naturel en Méditerranée sont de l'ordre de 3 455 milliards
de mètres cubes, assez pour approvisionner le monde entier
pendant un an. On sait qu'il y a des gisements importants
de gaz et de pétrole en mer Ionienne et en mer Égée. Une
communauté méditerranéenne de l'énergie serait donc
non seulement en mesure de fournir de l'énergie aux pays
environnants et au-delà, elle permettrait aussi de créer les
emplois qui font si cruellement défaut dans toute cette zone
et d'assurer à des pays comme la Turquie, Chypre, Israël, et
même l'Égypte ou la Tunisie, un futur plus prospère.

Vous pouvez nous prendre pour des doux rêveurs américains. C'est possible, mais on vient de célébrer le 60ᵉ anniversaire du traité de Paris par lequel Jean Monnet, Robert
Schuman et d'autres ont concrétisé leur vision de l'Europe

en commençant par une Communauté du Charbon et de l'Acier. Vous, les Européens, êtes conscients de l'inimitié qui existe entre la Grèce, la Turquie et Chypre, mais imaginez un instant la nature des relations entre la France et l'Allemagne en 1952, deux pays qui s'étaient affrontés au cours de trois guerres en moins d'un siècle, dont la dernière avait ravagé le continent européen.

Certes, la zone euro a connu des tensions. Mais le problème n'est pas là. Les responsables européens doivent avoir et transmettre une vision politique telle qu'elle convainque les citoyens européens d'accepter les sacrifices et les changements nécessaires, possibles et souhaitables pour accéder à un avenir meilleur. Et cet avenir permettra de remettre les pays méditerranéens actuellement confinés à la périphérie de l'Union au cœur d'une communauté méditerranéenne élargie.

En ce qui concerne les relations transatlantiques, nous avons tendance à les limiter au dialogue entre Europe et États-Unis. Je suggère qu'il soit étendu aux quatre continents des bords de l'Atlantique : Afrique, Amérique du Sud, Amérique du Nord et Europe.

Le continent africain n'est plus exclusivement producteur de manioc, de coton ou de textiles. Il s'est aussi lancé dans les services financiers et dans les télécoms. Que ce soit en Afrique ou en Amérique du Sud, de nombreux pays ont des taux de croissance de 5 à 6 %. Si on considère les échanges de biens au sein du continent nord-américain, ils représentent 4 % des échanges mondiaux. Si on y ajoute les échanges avec l'Afrique et l'Amérique du Sud, ce pourcentage augmente de 4 à 6 %, ce qui n'est pas rien, mais ne constitue qu'une toute petite partie de ce que ces échanges pourraient devenir.

De la même manière, les investissements directs étrangers des pays de l'Atlantique Nord atteignent des montants considérables, mais les IDE de l'Europe vers les Caraïbes, l'Amérique du Sud et l'Afrique représentent le double des investissements de l'Europe vers l'Asie et près de 60 % de la totalité des IDE des États-Unis.

On pourrait citer bien d'autres chiffres à l'appui de cette analyse. Qu'il suffise de dire que le monde des jeunes Américains, celui dans lequel je vis moi-même, est aujourd'hui étroitement relié aux pays qui bordent l'Atlantique et que les réseaux économiques, culturels, historiques et politiques qui unissent ces territoires sont les plus riches et les plus denses du monde. Voilà bien deux messages d'espoir aujourd'hui.

3

L'Inde, fantasme d'une menace

Mani Shankar Aiyar

Il n'y a aucune raison a priori de considérer l'Inde et la Chine comme des concurrents ou même comme des rivaux. Certes, le taux de croissance de notre PNB est de l'ordre de 8 % par an, ce qui est très élevé par rapport à l'Europe. Mais, en même temps, le taux de diminution de la pauvreté chez nous est de 0,8 % par an. Ce sont les chiffres officiels présentés par la Commission de planification indienne. L'Inde prospère, bien sûr, mais le peuple indien reste presque là où il était il y a plusieurs décennies. Cela nous pose un grave problème. C'est le dilemme de la démocratie et du développement que nous avons à affronter aujourd'hui.

Des quelque 150 pays du monde qui comptent, l'Inde est le seul pays qui, ayant gagné son indépendance en 1947, est resté une démocratie depuis le premier jour. Soixante-cinq ans de démocratie. C'est notre plus grande réussite. Mais si, en démocratie, chacun a un vote et un seul, malheureusement, sur les marchés, seul un petit nombre a de bonnes notes ! Réconcilier votes et notes est très important

47

et très difficile. Les Indiens ont compris ce qu'est la démocratie. Pour cela il a fallu 15 élections à l'Assemblée nationale – le Parlement –, environ 500 élections aux assemblées de nos 28 États régionaux, et des milliers d'élections au niveau des gouvernements locaux. Nous avons presque 300 000 gouvernements locaux, ce qui signifie que nous avons élu à peu près 3,2 millions de représentants ; 1,2 million sont des femmes, dont 86 000 sont présidentes ou vice-présidentes de leur instance de gouvernement local. Les Indiens connaissent donc la démocratie et ils demandent ce qui leur est dû. Qu'est-ce qu'ils reçoivent ? Presque rien puisqu'ils ne se trouvent pas sur la trajectoire de croissance accélérée que nous avons connue pendant ces vingt dernières années, surtout depuis que les réformes économiques ont commencé. Le résultat est qu'il y a un tout petit pourcentage d'Indiens qui sont incroyablement riches. Symétriquement et pour la plupart, la pauvreté est tout aussi incroyable.

Pour moi, l'Inde a beaucoup à apprendre de vous, les Européens. Mais vous ne nous reconnaissez pas dans notre démocratie, que vous considérez pourtant comme au cœur de votre propre modèle. Et vous ne nous reconnaissez pas parce que nous avons donné la démocratie à un sixième de l'humanité sans votre aide. Nous l'avons fait nous-mêmes. Si nous avions été une dictature, les Américains auraient débarqué, nous auraient donné des leçons et nous serions peut-être devenus aujourd'hui une quasi-démocratie, comme le Pakistan. Nous sommes une démocratie depuis le début, mais vous pouvez nous apporter beaucoup. Grâce à votre exemple, nous aurions peut-être plus de justice sociale liée au progrès économique.

En Inde, nous ne sommes même pas à l'aube de la prospérité. Vous n'avez donc rien à craindre de nous. Vous avez votre place et nous avons la nôtre. Le niveau auquel vous avez craint de descendre avec la crise, c'est celui auquel nous espérons arriver. Pourtant, il y a quelque chose que nous pouvons vous apporter, c'est la diversité. Ce n'est que maintenant que vous commencez à aller sur la voie du multiculturalisme. Mais, chez nous, nous avons toutes les races du monde, toutes les couleurs du monde. Nous avons vingt-huit langues reconnues officiellement. Les danses sont différentes, les cuisines sont différentes, les musiques sont différentes, mais nous sommes indiens puisque nous avons fondé notre unité sur la diversité. C'est un grand besoin ici en Europe. La superficie de l'Inde est approximativement la même que celle des vingt-sept pays de l'Union européenne. Mais nous sommes un seul pays, avec deux bras en moins, l'un donné au Pakistan, l'autre au Bangladesh. Il faut apprendre comment vivre ensemble. C'est une leçon que nous pouvons vous enseigner. En échange, il est indispensable que nous apprenions de vous la démocratie à la base, au niveau du local.

4

La Chine, entre mythes et réalités

Masahiko Aoki

Il s'est produit en 2011 un événement d'une importance exceptionnelle pour l'économie mondiale : pour la première fois depuis le milieu du XIXᵉ siècle, les PIB cumulés (à parité de pouvoir d'achat) de l'Asie du Sud-Est (Chine, Japon, Corée du Sud, Taïwan et Hong Kong) dépassaient légèrement ceux des pays de la Nafta (États-Unis, Canada, Mexique) et de l'Union européenne. En dollars américains, 185 000 milliards pour l'Asie du Sud-Est, devant la Nafta à 181 000 milliards et l'Union européenne à 180 000 milliards. Il faut en effet se rappeler qu'au début du XIXᵉ siècle l'Asie du Sud-Est était de loin l'économie la plus florissante de la planète, avec un PIB qui correspondait à peu près au tiers du PIB mondial en 1820. À l'époque, les États-Unis n'en représentaient que 2 %, avec, il est vrai, une population très faible. Au cours de la seconde moitié du XIXᵉ siècle et jusqu'à la Seconde Guerre mondiale, les Européens ont supplanté l'Asie, bientôt remplacés en tête du peloton par les États-Unis, qui ont joui d'une supériorité incontestée pendant la période dorée du capitalisme d'après-guerre.

Mais voici que les économies asiatiques se sont, petit à petit, mises à marcher sur les brisées nord-américaines. Elles ont aujourd'hui rattrapé et dépassé les anciens leaders. Tout se passe comme si le soleil se levait alternativement à l'est et à l'ouest ! En réalité, le soleil économique ne s'arrête jamais au-dessus de personne, bien que ce ne soit pas l'avis de tous les experts, certains comme Robert W. Fogel prévoyant qu'en 2040 le PIB de la Chine (à parité de pouvoir d'achat) sera dix fois supérieur à ses 123 000 milliards actuels et représentera alors 40 % du PIB mondial.

Est-ce plausible ? En ce qui me concerne, j'émettrais quelques sérieuses réserves. À quels défis la Chine doit-elle faire face actuellement ? À quels défis sera-t-elle confrontée demain ? Le modèle de développement chinois est-il vraiment unique ? Existe-t-il, au contraire, des caractéristiques communes aux différents schémas de développement des économies sud-asiatiques qui permettent d'extrapoler l'avenir économique de la Chine ? Pour répondre à ces questions, il faut considérer l'évolution du revenu par habitant, qui est un indice plus pertinent que le PIB pour mesurer le bien-être d'un pays, même si le PIB global reste le plus utile pour évaluer le degré d'impact d'un pays, d'une région ou d'une zone sur l'économie mondiale.

Depuis ces dix dernières années, on a de plus en plus tendance à utiliser ce qu'on appelle une « approche unifiée » pour rendre compte de l'évolution des revenus par habitant. Cette approche uniformise la perspective économique et démographique, grâce à quoi elle interprète les différents niveaux de revenu par tête, qu'ils soient bas, moyens ou élevés comme autant d'étapes normales d'un processus de développement et non comme des schémas de croissance qui évoluent selon des paramètres variables. Selon cette perspective unifiée, les miracles économiques des pays du Sud-Est asiatique, du Japon dans les années 1950, des « Tigres asiatiques » dans les années 1980 et de la Chine aujourd'hui ne sont pas des miracles et seraient plutôt à mettre au compte de processus de rattrapage.

Dans l'État malthusien, le passage d'un revenu par habitant stable au régime de croissance moderne est marqué par un état intermédiaire au cours duquel l'emploi majoritairement rural et agricole devient urbain et industriel. Le différentiel de productivité entre agriculture et industrie, une fois que la révolution industrielle s'est confirmée, peut être suffisamment important pour expliquer une augmentation rapide du revenu par tête. C'est ce qui s'est passé en Grande-Bretagne au milieu du XIXe siècle. Dans les autres économies occidentales comme la France ou l'Allemagne, la part des emplois agricoles est passée de plus de 50 à moins de 30 % plus progressivement, sur une centaine d'années. Selon le professeur Stiglitz, la cause fondamentale de la Grande Dépression est moins financière que structurelle : elle serait largement due aux déplacements des travailleurs agricoles au chômage vers les centres urbains, ce qui a eu une incidence désastreuse sur la demande de produits et de services dans les villes. En Asie du Sud-Est, l'exode rural a été longtemps contenu par des contraintes sociales, comme dans le Japon d'avant-guerre, ou par des contraintes politiques, comme dans la Chine de Mao. Une fois ces contraintes levées, l'exode rural reprend de plus belle et correspond à une période de croissance sans précédent.

En Chine, dans les années 1980, les premiers mouvements de population ont été déclenchés par l'émergence d'entreprises dans les petites villes et en campagne. Ces entreprises ont absorbé ce début d'exode rural. Mais, au cours des vingt dernières années, ce sont 200 millions de travailleurs ruraux qui ont émigré vers les villes, ce qui constitue sans doute la plus grande migration humaine de l'histoire sur une période aussi courte. Dans les années 2000, leur contribution au revenu par habitant est évaluée à un minimum de 2 % selon les statistiques officielles, qui ne rendent pas complètement compte de la participation des ruraux à l'industrie urbaine.

Cependant, lorsque le pourcentage des travailleurs agricoles descend en dessous de 20 %, l'influence de ce facteur structurel sur la croissance devient négligeable. La Chine en est presque à ce stade, en particulier dans les régions côtières. De plus, elle a perdu un autre facteur d'augmentation de croissance du revenu par habitant, l'atout démographique, c'est-à-dire la disparition de ce qu'on appelle le dividende démographique[1] qui survient lorsque les enfants des générations antérieures à fort taux de natalité arrivent à l'âge adulte. Le taux de fécondité a beaucoup augmenté en Chine dans les années 1960, comme si tout le pays avait voulu compenser les énormes pertes humaines dues au Grand Bond en avant. Ce taux a commencé à baisser dans les années 1970, avant même que la politique de l'enfant unique ait été décrétée. Le dividende démographique a progressivement diminué jusqu'à disparaître au début des années 2000.

Sur la zone côtière en 2009, le revenu par habitant était légèrement supérieur à 10 000 dollars, ce qui correspondait à peu près à la moyenne mondiale de l'époque. Mais la croissance de tous les pays qui ont conquis le statut de pays

---

1. On parle de « dividende démographique » lorsque la baisse du taux de natalité entraîne des modifications de la pyramide des âges telles que moins d'investissements sont nécessaires pour répondre aux besoins des plus jeunes et que la proportion des personnes actives chez les adultes est relativement plus élevée. Ce phénomène crée une opportunité de croissance économique et de développement humain plus rapide pour un pays qui dispose ainsi de plus de ressources à investir.

à revenu moyen a progressivement ralenti, bien avant de pouvoir prétendre au revenu par habitant des économies avancées. La plupart se sont arrêtés à un revenu par habitant de 10 000 à 16 000 dollars. On appelle ce phénomène le « piège du revenu moyen ». La Chine peut-elle l'éviter ? Comment ? Ces questions font l'objet de débats passionnés chez les spécialistes du développement et au sein même du gouvernement chinois.

Nous avons montré que la Chine avait perdu ou était en train de perdre deux leviers majeurs de croissance du revenu par habitant. Il en reste un troisième, l'augmentation de la productivité. Celle-ci est le fruit de deux facteurs principaux : l'innovation et l'augmentation du capital physique par travailleur. Mais les retours sur investissement en capital physique privés de l'expansion de la masse des travailleurs sont nécessairement soumis à la diminution des rendements d'échelle. Ce phénomène s'est fait sentir en Chine dès le milieu des années 1990. Il est évident que ce pays doit maintenant passer à une nouvelle étape de développement fondée sur une meilleure qualification de ses travailleurs plutôt que sur l'augmentation de leur nombre. Il n'y a aucune raison que la Chine n'y parvienne pas, compte tenu des efforts consentis en éducation et en santé publique.

Il faut néanmoins considérer les coûts de cette amélioration qualitative du capital humain. Si, dans les schémas contemporains de croissance économique le capital humain joue un rôle clé, les investissements requis pour sa formation coûtent de plus en plus cher aux ménages en termes d'éducation, du temps qu'elle exige des parents, etc.[1]. En

---

1. Il est intéressant de noter qu'aux États-Unis depuis la crise, et pour la première fois selon la FED, les emprunts bancaires destinés aux études des enfants sont devenus plus importants que ceux traditionnellement consacrés à l'automobile.

conséquence, les familles ont moins d'enfants. La Chine n'échappera pas à cette phase de « transition démographique » même si les lois sur l'enfant unique sont abrogées. Si on ajoute à cette évolution l'allongement de l'espérance de vie dû à l'amélioration des standards de vie et des systèmes de santé, si on se souvient que le décollage économique s'est fait dans des temps records, on comprendra qu'il y a aujourd'hui une spécificité sud-asiatique de la transition démographique avec des conséquences économiques plus graves encore qu'en Occident. Elle a déjà pris des formes aiguës dans des pays comme le Japon où le dividende démographique est devenu négatif malgré l'impact des réformes des systèmes de retraite qui ont remis les seniors au travail. S'il n'y a ni remontée des taux de fécondité ni libéralisation des lois sur l'immigration, il faut s'attendre vers 2050 à ce que le ratio de dépendance approche les 50 %. En Corée, le ratio de dépendance ne commencera à augmenter que dans quelques années, mais, à partir de là, le vieillissement se fera sentir encore plus rapidement qu'au Japon. La situation est du même ordre en Chine, à ceci près que, comme le dit le démographe économiste Cai Fang, « en Chine, les gens vieilliront avant d'être devenus riches ».

Il n'est pas illégitime de se demander si ce mécanisme de transition démographique est spécifique à l'Asie. Une étude récente montre que le développement est un facteur de baisse de la fécondité dans les populations à bas ou moyens revenus, mais que, si la croissance se poursuit, les taux ont tendance à s'inverser. Seules exceptions à la règle, le Japon, la Corée et le Canada. Mais que ce soit en Asie ou ailleurs, l'allongement de l'espérance de vie semble être devenu une donnée. Sans surprise, et quels que soient les pays concernés, les systèmes de santé et de retraites tels qu'ils ont été conçus avant la phase de transition démographique menacent partout l'équilibre des finances publiques. Il est possible que, sur le plan de l'évolution démographique, les pays d'Asie soient en tête. De leur côté, les économies avancées, y compris les États-Unis, l'Europe de l'Ouest et le Japon, se demandent comment maintenir la croissance des revenus par tête. Au fur et à mesure que les emplois manufacturiers se déplacent vers les pays émergents, ils deviennent de fait excédentaires. En Occident, les amortisseurs économiques (allocations chômage, mises à la retraite anticipée) et certaines instances institutionnelles (syndicats...) ont tendance à freiner la mobilité de l'emploi. Ces systèmes ont le double inconvénient d'abaisser les revenus manufacturiers moyens et d'empêcher les jeunes générations de s'insérer sur le marché du travail ; ils finissent par avoir des répercussions macroéconomiques négatives.

C'est ce qui s'est passé au Japon et qui lui a fait perdre plusieurs décennies, et c'est peut-être ce qui est en train d'arriver en Occident. Étant donné la restructuration de la division planétaire du travail générée par l'amélioration de la production dans les pays émergents, les économies avancées n'auraient rien à gagner et sans doute tout à perdre dans un protectionnisme artificiel de leurs emplois manufacturiers. Il est évident que l'innovation et les améliorations techniques sont les deux ingrédients indispensables des réformes structurelles, y compris dans les pays avancés pour lesquels la seule issue – s'ils ne veulent pas tomber dans le piège des revenus élevés – réside dans la création d'emplois nouveaux à forte valeur ajoutée. Cette mutation n'est pas par définition très différente de celle qui a eu lieu au moment de l'exode rural vers les villes et qui a été à l'origine d'une croissance économique sans précédent. La mutation actuelle est celle d'un monde post-industriel et post-transition démographique. Ce saut dans l'inconnu exigera infiniment d'intelligence, de concurrence et d'apprentissage partagés par toutes les régions du monde. C'est ce qui déterminera l'horizon sur lequel le soleil se lèvera.

5

L'Europe vue d'Afrique

Martin Ziguélé

L'Europe et l'Afrique, c'est un peu l'histoire d'un vieux couple. Cette histoire a commencé dans la douleur, il y a plusieurs siècles, par le commerce triangulaire. Elle s'est poursuivie par la colonisation, puis s'est remodelée après les indépendances des pays africains. Aujourd'hui, les deux continents, liés par des accords de partenariat, se sont engagés dans la construction de relations politiques, diplomatiques et économiques sans cesse plus denses.

Un couple, ce sont deux partenaires qui continuent de se connaître, qui se comprennent et s'apprécient – conditions nécessaires pour affronter solidairement les épreuves de la vie. En transposant cette image à la relation Europe-Afrique, je pose les axes de ma réflexion. Ayant modestement participé à la gestion des affaires publiques dans mon pays, je veux partager ma vision du rôle que doit jouer l'Europe en Afrique et des bénéfices réciproques qui doivent découler de leurs relations.

Mes interrogations portent sur les points suivants :

– Quel rôle l'Europe peut-elle jouer en faveur de la paix en Afrique ? Quelle doit être sa politique face aux conflits en Afrique ?

– Quel peut être le contour d'une nouvelle politique de l'Europe pour la croissance en Afrique ? Quels nouveaux partenariats nouer pour atteindre les Objectifs du millénaire pour le développement (OMD) ?

– L'Europe peut-elle aider l'Afrique à devenir un nouveau géant économique mondial ?

– Comment le modèle européen peut-il être utile à l'Afrique ?

Avant d'aborder la première question, deux constats me semblent indispensables. Le premier est que, pour l'Européen de la rue, l'Afrique est un continent géographiquement, politiquement et culturellement lointain, mais que le phénomène de l'immigration lui rend tangible dans son quotidien. Cette proximité est aussi fondée sur de complexes relations historiques que l'Europe en tant qu'institution a su maintenir sur le plan multilatéral, tandis que chaque pays européen, sur le plan bilatéral, en faisait autant.

Le second constat est que, dans le contexte actuel de grave crise économique en Europe, il n'y est pas populaire de traiter des relations entre l'Europe et l'Afrique, et plus particulièrement des questions liées à l'aide et à la coopération.

Cependant, il faut saluer l'engagement de ceux qui sentent la nécessité de réfléchir à un renouvellement de la relation entre l'Europe et l'Afrique comme une des voies de sortie durable de la crise. Ils ont compris que l'Afrique pourrait être la nouvelle frontière de la croissance tant recherchée. Au-delà des prises de position émotionnelles, l'essentiel est de savoir ce que nous pouvons faire ensemble.

Ces deux constats mettent en évidence la nécessité, pour la survie du couple, de bien connaître et faire connaître l'Afrique au plus grand nombre. L'Afrique est un kaléidoscope de 54 États indépendants, institutionnellement jeunes, qui font face à deux situations paradoxales.

D'un côté, l'Afrique est un continent relativement peu peuplé, avec 1 milliard d'habitants en 2012, population constituée à 60 % de jeunes de moins de 30 ans. Le taux de croissance démographique annuel y est de 2,3 %. Selon les projections démographiques, la population africaine aura doublé avant 2050. Cependant, cette population vit dans une grande pauvreté : l'indice de développement humain (IDH) y est en moyenne de 0,475 en 2013, contre une moyenne de 0,771 pour la région Europe-Asie centrale. Le PIB par habitant n'y est que de 1 966 dollars en 2011. L'espérance de vie y est de 54,4 ans à la naissance, contre plus de 75 ans pour la région Europe-Asie centrale.

D'un autre côté, l'Afrique est le continent de l'avenir. C'est le continent le plus riche en matières premières tout en étant le poumon écologique de la planète, car les forêts africaines couvrent environ 22 % du continent et constituent une pièce maîtresse dans la protection de la biodiversité et la maîtrise des gaz à effet de serre au niveau mondial. La croissance économique de ces dix dernières années y est en moyenne de 5 %, et les marges de croissance sont réelles.

Les politiques économiques sont devenues plus endogènes et pragmatiques. Des ensembles économiques sous-régionaux rationalisent leur fonctionnement et encouragent les échanges. Des marchés financiers se structurent et se renforcent. Des efforts importants sont déployés en matière d'éducation. Les nouvelles technologies de l'information et de la communication se développent. Les mentalités africaines évoluent. La volonté d'améliorer la gouvernance publique est perceptible. Mais les résultats sont contrastés selon les pays et les régions, car, en matière de développement aussi, il n'y a pas une seule Afrique.

Beaucoup reste à faire et la responsabilité du retard de l'Afrique est d'abord imputable aux Africains que nous sommes. Pendant trop longtemps, et aujourd'hui encore, des politiques inefficaces et non inclusives ont été et continuent d'être menées. Plusieurs années de politiques d'ajustement structurel drastique, conduites sous la férule du Fonds monétaire international et de la Banque mondiale, ont permis de désendetter l'Afrique et d'impulser, depuis une dizaine d'années, une croissance nouvelle. Mais, pour la très grande majorité des Africains, l'amélioration des agrégats économiques ne se traduit pas encore par une réduction de la pénibilité de leur vie quotidienne : l'accès à l'eau, à l'électricité, aux soins de santé constitue une gageure et les équipements collectifs demeurent cruellement insuffisants. La croissance ne permet pas encore de créer des emplois pour une jeunesse toujours plus nombreuse et mieux éduquée. L'agriculture africaine ne nourrit pas son homme et l'industrie reste symbolique dans la plupart des pays africains. Les guerres civiles, rébellions et autres mouvements violents continuent à se développer et il est évident que, sans la paix, il n'y aura pas de développement.

Lorsque cette condition sera remplie, encore faudra-t-il que soient mis au cœur des politiques nationales africaines les trois moteurs connus du développement :

– L'existence d'États engagés : un État fort, dynamique et responsable, qui élabore des politiques fondées sur une vision à long terme, des valeurs partagées et des lois et institutions qui favorisent la confiance et la cohésion.

L'accès aux marchés mondiaux : le succès des économies africaines viendra d'une intégration graduelle à l'économie mondiale.

– L'innovation en matière de politique sociale : les investissements dans l'éducation, la santé et le secteur public sont la condition du maintien d'une croissance rapide.

Voilà le cap. L'Afrique n'y parviendra que si le cadre macroéconomique reste durablement préservé de cette plaie africaine qui annihile tous les efforts de développement : l'instabilité politique résultant des situations de conflits.

QUEL RÔLE L'EUROPE PEUT-ELLE JOUER EN FAVEUR DE LA PAIX EN AFRIQUE ?

L'Union européenne a toujours privilégié une démarche holistique dans son appui à la paix en Afrique. Elle ne dissocie pas la sécurité du développement, consciente que l'Afrique est devenue l'un des théâtres des défis stratégiques mondiaux – qu'il s'agisse du terrorisme islamiste, de la prolifération nucléaire ou des trafics illégaux. Le partenariat stratégique Europe-Afrique doit donc s'intensifier dans les domaines de la sécurité et de la défense et s'inscrire dans la durée, dans la droite ligne de la stratégie commune signée entre l'Union européenne et l'Union africaine en 2007.

Le plan d'action correspondant, la « Facilité de soutien à la paix pour l'Afrique », a été financé par l'Union européenne à hauteur du milliard d'euros. Il prévoit la création d'un corps de réaction rapide, la Force africaine en attente, constituée de cinq brigades. Elle devrait mobiliser à terme une force mixte d'intervention de 30 000 hommes pour des opérations de maintien ou de rétablissement de la paix. La stratégie à long terme devrait aussi viser le renseignement militaire, nécessaire à la sécurisation des frontières africaines poreuses. Ce projet, pour des raisons inconnues, est manifestement resté à l'état de gestation, alors même que les crises se multiplient en Afrique.

Les dirigeants africains doivent se poser les vraies questions : comment faire de nos armées nationales des forces professionnelles de défense ? Comment l'Europe devra-t-elle aider l'Afrique à construire des armées performantes ?

La sécurité de l'Europe se joue aussi en Afrique sur le terrain de la lutte contre la drogue. Les cartels, sud-américains pour la cocaïne, asiatiques pour l'héroïne, utilisent le continent noir comme relais vers l'Europe. La Guinée-Bissau, le Liberia, la Sierra Leone sont devenus les plaques tournantes de ces trafics. Dans ce secteur, l'Europe devrait intervenir en amont pour aider les gouvernements africains à lutter contre ce fléau.

En matière de terrorisme international, l'Europe doit surveiller, identifier et engager des actions multiformes partout dans le monde pour enrayer le terrorisme. Depuis la crise libyenne, l'Afrique est devenue un des sanctuaires du terrorisme islamiste radical[1].

---

1. Le Mali, qui a échappé à une domination par Aqmi, et le Kenya, qui a subi une récente attaque de Shebab sur Nairobi, prouvent que l'Afrique doit s'investir avec la communauté internationale, dont l'Union européenne, dans la lutte totale contre le terrorisme.

QUEL PEUT ÊTRE LE CONTOUR D'UNE NOUVELLE
POLITIQUE DE L'EUROPE POUR LA CROISSANCE
EN AFRIQUE ?

*Le développement de l'investissement privé européen
en Afrique, vecteur de croissance mutuelle*

Pendant de longues années, les pays africains ont mis en
œuvre des politiques de développement qui ne plaçaient
pas le secteur privé au cœur de leurs stratégies. Quelles que
soient leurs idéologies officielles, ils ont fait la promotion
d'une forme de capitalisme d'État qui a toujours redouté le
risque d'entreprendre. Ces politiques ont tenu tant que les
cours des matières premières étaient à la hausse et que leurs
retombées finançaient les déficits structurels du budget des
États. Mais, après les deux chocs pétroliers et la dure période
des ajustements structurels, les pays africains ont reconnu, au
moins dans les discours, que la promotion du secteur privé
est une condition nécessaire du développement.

L'Europe a mis en place un certain nombre d'instruments pour aider les pays africains dans cette démarche,
mais ces instruments doivent être renforcés et leurs procédures simplifiées pour permettre des investissements massifs dans les différents secteurs de l'économie africaine.

En aidant les pays africains à construire un développement fondé sur le secteur privé, l'Europe stimulera sa
propre croissance : les 2 milliards d'Africains annoncés en
2050, s'ils disposent d'un pouvoir d'achat adéquat, seront
les consommateurs dont l'industrie européenne aura besoin
demain.

*Le développement des infrastructures en Afrique
par un Nepad (Nouveau Partenariat
pour le développement de l'Afrique) redimensionné*

Pendant les trente années qui ont suivi les indépendances africaines, la construction des infrastructures était en quasi-totalité assurée par les partenaires (Banque mondiale, Banque africaine de développement, Union européenne, etc.). Durant les années de crise économique de la décennie 1990, cette source de financement s'est tarie et la construction des infrastructures s'est pratiquement arrêtée. Ces financements ont repris timidement il y a moins d'une dizaine d'années. Mais, entre-temps, les besoins en équipements collectifs ont considérablement augmenté.

Les États ne peuvent pas faire face isolément aux investissements colossaux nécessaires. Les politiques doivent être communes à plusieurs pays afin d'optimiser leurs rendements. La refondation du projet Nepad permettra à l'Afrique de mobiliser des moyens importants, avec des formules comme le Build Operate Transfer[1]. Dans le cadre de la réalisation de ces grands travaux d'investissement, un accent particulier sera mis sur le partenariat public-privé euro-africain.

Les bénéfices attendus de ce partenariat sont évidents, notamment en matière de création d'emplois en Afrique, permettant de freiner l'émigration économique et de donner la possibilité aux cadres africains formés en Europe de rentrer dans leurs pays d'origine.

---

1. Les partenaires privés sont invités à financer les projets d'infrastructure publique et à les construire. L'État transfère alors l'exploitation à l'opérateur privé. Passé un certain délai, l'État redevient propriétaire et exploitant de l'infrastructure.

Une relance des Objectifs du millénaire
pour le développement

Lors du Sommet du millénaire, en 2000, les 189 États membres de l'ONU se sont engagés à atteindre d'ici à 2015 les objectifs de développement énoncés dans la Déclaration du millénaire, afin d'éliminer l'extrême pauvreté[1]. Ces États se sont montrés décidés à trouver des sources novatrices de financement du développement ainsi que des mesures propres à assurer la viabilité de la dette à long terme. Ils se sont aussi déclarés fermement attachés à la libéralisation du commerce. Où en est-on aujourd'hui ?

Dans la quasi-totalité des pays africains, la démarche impulsée par l'ONU s'est traduite par l'élaboration de documents de stratégies de réduction de la pauvreté (DSRP). Mais les capacités locales de gestion des transformations ne sont pas uniformes. Les pays africains les mieux gérés avancent vers la réalisation des OMD, mais un nombre important de pays, où l'État est faible, ne les atteindra pas en 2015. Le financement des DSRP étant lié à l'existence d'un programme avec le FMI et la Banque mondiale, la lutte contre la pauvreté dans les pays ne répondant pas à ce critère est aléatoire.

L'appui à des politiques de développement
centrées sur l'économie réelle

L'agriculture est le fondement du développement d'un pays. Elle permet d'assurer la sécurité alimentaire nationale, un pouvoir d'achat structurel à une large couche de

---

1. Voir www.un.milleniumgoals.org

la population, et de créer des mécanismes rationnels d'accumulation de capitaux grâce à l'exportation des produits industriellement transformés.

L'agriculture africaine a des besoins majeurs en matière de réformes foncières, de mécanisation des processus aratoires, de modernisation des circuits de commercialisation, etc. L'Europe a beaucoup fait pour soutenir l'agriculture africaine, mais des besoins importants restent insatisfaits. En dehors des périodes d'émeutes de la faim, qui rappellent violemment l'attention sur les carences de l'agriculture, celle-ci est le parent pauvre des politiques publiques en Afrique, qui privilégient systématiquement les secteurs des mines et des hydrocarbures. L'agriculture africaine doit attirer des investissements lourds.

Un appui accru au renforcement du capital humain

Le facteur humain reste aujourd'hui une des pierres d'achoppement du développement du continent africain, car le capital humain y est peu ou mal qualifié. Il y a nécessité d'une politique de formation d'une élite africaine, saine et dynamique, qui sera l'acteur essentiel du développement du continent. La majeure partie des investissements passés et présents en Afrique subsaharienne est le fait d'entreprises attirées par l'exploitation des ressources naturelles. Cependant, la plus grande richesse de l'Afrique ne réside pas dans ses sous-sols mais dans l'homme.

J'espère que les crédits financiers européens, revus à la hausse pour les secteurs de l'éducation et de la formation, viseront également le secteur de la santé. L'engagement pris par les gouvernements africains de consacrer au moins 10 % de leur budget à la santé n'est globalement pas tenu. Pourtant, la santé est notre première richesse. L'Afrique subsaharienne est de loin la partie du monde la plus touchée par la pandémie du sida, dont l'impact est multiforme. Sur le plan démographique, il contribue à freiner la croissance de la population ; sur le plan socio-économique, il a entamé la solidarité africaine par l'exclusion des personnes atteintes et entraîné des pénuries de main-d'œuvre.

Le développement du capital humain reste donc une priorité. Les richesses naturelles africaines ne seront utiles aux Africains que si nous acquérons les connaissances et les technologies nécessaires pour la transformation de ces immenses ressources. L'aide européenne devrait donc être recentrée sur l'investissement dans ce domaine.

Un capital humain formé en Afrique,
moyen de réduction du flux migratoire vers l'Europe

L'Afrique doit parvenir à former la majeure partie de ses futurs cadres sur place. Aujourd'hui, les étudiants en fin de cycle et ceux qui souhaitent s'engager dans des domaines qui n'existent pas dans les universités africaines n'ont d'autre choix que de se tourner vers l'Europe. Il n'est pas surprenant que beaucoup d'entre eux choisissent d'y demeurer au terme de leurs études. Cette situation pénalise l'Afrique. L'Europe y perd aussi, car elle se retrouve avec de nouveaux arrivants sur un marché de l'emploi étroit.

Des solutions existent. L'Europe pourrait intensifier son aide à l'Afrique pour renforcer sur place les capacités des universités et centres de formation en prévoyant la création de structures d'excellence. De façon plus concrète, un découpage continental pourrait être envisagé afin de créer des établissements régionaux à même d'accueillir des étudiants venus de tous les pays de la région. En plus des professeurs venus de ces différents pays, l'Europe pourrait y affecter temporairement des enseignants aux profils adéquats.

Par ailleurs, un travail doit être entamé sur le contenu pédagogique des systèmes éducatifs africains. La formation professionnelle y est très peu développée. La prise en compte précoce du souci de la professionnalisation, la possibilité de s'orienter très tôt vers des filières professionnalisantes et la création de cycles universitaires tournés vers les métiers sont autant de défis à relever. Les universités africaines ont certes essayé de copier la réforme des cycles universitaires licence, master, doctorat, mais, les réalités étant différentes, elles auront plus à gagner en inventant leur propre système.

L'appui au renforcement de l'État de droit

Tout effort de développement des États africains, toute coopération avec l'Europe seront vains si, dans nos États, la démocratie et la bonne gouvernance ne sont pas érigées en priorité absolue. Aujourd'hui, l'alternance au pouvoir demeure un rêve lointain. Même dans le cas où un régime succède à un autre par voie d'élections libres et transparentes, il reste la question de la gouvernance démocratique pendant la durée du mandat électif.

Dans la plupart des cas, la gestion de la chose publique est insatisfaisante et la répartition de la richesse nationale inéquitable. L'Afrique attend de l'Europe qu'elle la soutienne pour instaurer de véritables États de droit.

Le renforcement des capacités des organisations non gouvernementales et des associations militantes, ainsi que la promotion d'organes de presse libres doivent être les axes majeurs de cette coopération. Les États doivent moins intervenir. Les Africains doivent se prendre en charge et être eux-mêmes les militants de leurs droits élémentaires. Mais, pour cela, un soutien effectif de partenaires engagés à leurs côtés est indispensable. La transparence dans la gestion de la chose publique est incontournable. Beaucoup de régimes africains ont accédé au pouvoir suite à des coups d'État. Pour légitimer leur pouvoir, certains organisent des élections peu ou prou transparentes, financées pour la plupart par la communauté internationale. L'Europe doit être plus vigilante non seulement lors du processus électoral, mais surtout ensuite, dans la gouvernance publique. Elle ne doit certes pas agir à la place des peuples africains, mais continuer à mettre en lumière les manquements évidents et inciter à la société civile la possibilité de jouer son rôle.

Comme Martin Luther King, je fais un rêve. Celui d'un éveil des consciences africaines, d'une lucidité accrue dans ses choix politiques et d'une plus grande responsabilisation devant ses devoirs, afin de réunir rapidement les conditions de son essor.

L'aide étrangère est nécessaire aujourd'hui. L'Europe est le premier bailleur de fonds de plusieurs pays africains. Il nous revient, à nous Africains, de donner à nos partenaires européens des raisons de poursuivre leur appui dans un partenariat gagnant-gagnant.

Il n'y a pas de fatalité en Afrique. Les crises et les fléaux existent, mais le développement dans l'intégration économique finira par les vaincre. La gabegie et la corruption gangrènent la gestion de la chose publique, mais elles finiront par être circonscrites si, dans le cadre de la coopération euro-africaine, l'accent est mis sur des règles d'éthique et de transparence.

L'Europe et l'Afrique doivent renforcer leur coopération pour leur développement commun. Leur partenariat est d'abord le partage d'une vision de la vie, basée sur des règles saines et réciproques. Il s'agit, de part et d'autre de la Méditerranée, de créer des sociétés développées, pacifiques, libres et démocratiques, afin de garantir la paix et la sécurité sur ces deux continents et dans le monde.

6

Ode à l'Europe

Nadir Godrej

L'EUROPE EST DANS L'IMPASSE

Les boulots se font rares.
L'Allemagne pense que de l'avenir l'austérité est la clé.
Les créanciers réclament de la croissance.
Que faire pour satisfaire le meunier et son âne ?
L'austérité peut-elle tout à la fois
Stimuler l'activité
Soutenir la compétitivité
Et de l'Europe réduire les déficits ?

On nous dit que Lisbonne a trouvé
Comment augmenter l'activité
En passant outre les rigidités.
Ils ont allongé les heures de travail,
Ils ont réduit les salaires.
Verront-ils pour autant le bout du tunnel
Ou perdront-ils leur légendaire boussole ?

Car c'est bien de boulots qu'il s'agit.
Et l'on entend partout crier haro
Sur ces pays qui nous les prennent.
D'aucuns tentent même de les rapatrier.

Pourtant, c'est l'évidence
En production de biens
La Chine mène la danse
Et l'Inde dans les services confirme ses compétences.
Ces deux géants ont conquis un pouvoir immense.
Leurs clients en ont une crainte intense.

Sur le prix du travail il y a eu divergence.
Aujourd'hui pourtant émergent des convergences.
Mais, franchement, peut-on espérer récupérer
Ces boulots évaporés ?
Car ce n'est pas qu'une question de prix :
L'Est a appris les techniques qui vont bien
Là-dessus l'Ouest ne peut plus guère
Sa supériorité
Revendiquer.

Jadis le fleuve des investissements directs à l'étranger
Coulait de l'ouest vers l'est.
Mais c'était autrefois.

Aujourd'hui, ce sont les firmes indiennes aux USA
Qui ont trouvé moyen de s'y localiser.
Modestement d'abord
En embauchant des locaux apporteurs de business.
Mais de plus en plus on entend des histoires d'Américains
Qui ont chez eux des patrons... indiens.
Laissons le temps au temps et nous verrons bientôt l'Europe

Gentiment persuader ces mêmes patrons indiens d'embaucher en... Europe.
Belle manière de relocaliser !

Mais la vraie solution pour l'Ouest
Sans conteste
Est de retrouver ce à quoi il excelle :
À mesure que se fanent les entreprises anciennes
En créer des nouvelles
Qui recrutent et recrutent encore.
Sans s'interdire bien sûr de relocaliser.

En bref
Stimuler d'abord la créativité,
Sans oublier la compétitivité,
Voilà le conseil d'un patron indien
Pour faire que le soleil
Sur l'Ouest aussi désormais se lève.

Que serait un monde sans Europe ?

Jean Pisani-Ferry

De l'éclatement de la crise grecque en 2010 jusqu'au moins à la fin de 2012, les débats économiques internationaux se sont largement concentrés sur l'Europe et les grandes réunions mondiales y ont consacré la majeure partie de leur ordre du jour. Et, contrairement à toutes les théories paranoïaques du complot, l'attitude du monde vis-à-vis de notre continent a été largement positive. Des États-Unis à la Chine en passant par le Moyen-Orient, les partenaires de la zone euro espéraient sincèrement qu'elle parviendrait à s'en sortir et à préserver la monnaie européenne. En Europe même, l'attitude des autres membres de l'UE, comme le Royaume-Uni et la Pologne, a été également bienveillante.

On peut se demander pourquoi. La zone euro ne représente que 14 % du PIB mondial – mesurée classiquement en termes de parité de pouvoir d'achat. La chute de 2 points de son taux de croissance consécutive à la crise ne s'est traduite que par une faible baisse, 0,3 point, de la croissance du PIB global. Même une chute de 5 points resterait gérable pour la communauté internationale. Il est donc paradoxal de dire à la fois que l'Europe est devenue marginale et qu'en même temps le sort du monde est suspendu au destin de sa monnaie.

Pourquoi donc, au-delà des chiffres, le monde se soucie-t-il autant de l'Europe ? Après tout, l'unification tentée dans ce petit coin du continent eurasien ne changera pas le destin des États-Unis, de la Chine, du Brésil, de l'Inde, économies-continents dotées de régulations unifiées, d'une monnaie unique et d'un budget fédéral.

Notre objectif ici est de déterminer les raisons quantitatives et qualitatives qui font que l'Europe compte dans le monde et d'examiner leur pertinence.

PERSPECTIVE QUANTITATIVE

Pourquoi une région dont le PIB est modeste et les espérances de croissance sont médiocres est-elle si importante pour le reste du monde ? Un premier élément de réponse pourrait résider dans le mode de calcul du PIB, qui aboutit à sous-estimer le poids de l'Europe. Au lieu de se fonder sur la PPA (parité de pouvoir d'achat), il faudrait en fait se baser sur le PIB nominal qui donne une meilleure évaluation du poids d'un pays en tant que marché. Sur cette base la part de la zone euro monte à 17,5 % du PIB global. En outre, si la zone euro tombait dans l'anarchie, nos voisins et partenaires seraient évidemment engloutis dans le désastre. Il faut donc inclure dans l'agrégat les autres membres de l'UE, la Suisse et la Norvège. La part de cette Europe atteint alors 25 %.

Il convient également de prendre en compte le fait que la production n'est pas tout et qu'il faut bien des clients qui achètent les produits. Or la part de la consommation des ménages s'élève à 65 % du PIB européen, tandis qu'elle n'est que de 35 % pour la Chine. Au cours des années qui ont précédé la crise, de 2001 à 2007, la consommation des ménages de l'Union européenne a contribué à la croissance mondiale à hauteur de 0,4 % par an, contre 0,1 % pour la Chine. Nous sommes peut-être devenus des seconds couteaux en termes de production, mais nous restons des champions de la consommation !

Une deuxième réponse à la question de l'importance de l'Europe est son poids financier. D'après une étude récente de McKinsey, la profondeur financière (ratio créances internationales sur PIB) des économies avancées est de 400 à 500 %, elle n'est que de 200 à 300 % en Chine et en Inde, de 100 à 200 % en Amérique du Sud et en Asie hors la Chine. Quelles que soient leurs difficultés, les économies avancées restent les principaux producteurs d'actifs financiers. En 2010, l'Europe occidentale représentait à elle seule 30 % du stock mondial d'actifs financiers, à peu près à égalité avec les USA à 32 %.

De plus, sur le plan financier, l'Europe est plus ouverte que le reste du monde, y compris les États-Unis. Son poids dans le stock d'actifs financiers détenus par des non-résidents est donc très important : en 2010, 21 % pour la zone euro et 38 % pour l'ensemble de l'Europe, contre 20 % pour les États-Unis et 21 % pour les BRICS, Hong Kong inclus. Même si on déduit de ces chiffres la part des actifs financiers intra-européens, l'Europe reste une super-puissance financière. Les études faites sur le rôle des *hubs* financiers confirment qu'elle possède quelques-unes des plus grandes places financières de la planète.

Il est vrai que l'Europe recule. Ces dernières années, ses performances économiques ont été décevantes et ont accéléré un repli plus important que ne le laissaient présager ses tendances démographiques et économiques. Sa part de la capitalisation boursière mondiale diminue. Ses malheurs financiers ont provoqué le retrait d'Asie d'un nombre significatif de banques européennes, qui jouaient jusque-là un rôle important dans le financement de projets et d'échanges commerciaux. Mais, pour l'heure, la part de l'Europe reste suffisamment importante pour que la crise qu'elle traverse soit perçue comme une menace par le reste du monde.

DU CÔTÉ QUALITATIF

Dans un de ses derniers ouvrages, *The World America made*, Robert Kagan met en garde contre une lecture téléologique de l'histoire et entend démontrer que le monde tel que nous le connaissons n'est pas le résultat d'une progression irrésistible vers la démocratie et l'ouverture, mais bien plutôt l'œuvre d'une superpuissance exceptionnellement bienveillante : les États-Unis.

L'Europe a façonné le XXe siècle et on ne peut certainement pas dire qu'elle l'ait fait dans un esprit de totale bienveillance. Il n'en est pas moins intéressant de réfléchir à ce qu'elle a apporté aux relations internationales à partir du moment où elle s'est convertie au postnationalisme. Cela permet d'apprécier les conséquences de son déclin.

En premier lieu, l'Europe a toujours été une sorte d'Institut de recherche en relations internationales, ou de « laboratoire » comme aime le dire l'ancien directeur de l'OMC, Pascal Lamy. Elle a inventé et expérimenté presque toutes les formes de gouvernance économique qui ont ensuite été adaptées et adoptées dans le monde entier. Cela s'applique à la législation internationale, aux juridictions économiques supranationales, à la délégation de compétence à des instances exécutives internationales, à la démocratie parlementaire supranationale, à la surveillance économique mutuelle, avec, éventuellement, les sanctions associées, et enfin bien sûr à la monnaie supranationale. Ces tentatives n'ont pas toutes été couronnées de succès, mais c'est aussi ce qui fait leur intérêt pour les partenaires de l'Europe, qui ont su tirer profit de son expérience.

Ensuite, et conformément à ses principes internes, l'Europe a, au fil des années, ardemment défendu un multilatéralisme fondé sur des règles. Si les États-Unis ont été parmi les premiers et les plus puissants promoteurs de la libéralisation du commerce mondial, leur multilatéralisme s'est toujours arrêté aux frontières de l'intérêt national. Lorsque celui-ci est en jeu, le Congrès adopte des attitudes sinon systématiquement protectionnistes, du moins sensiblement moins multilatérales. En revanche, et tant que la gouvernance interne de l'Union européenne respecte les traités en vigueur entre les États membres, ce type de dérive est impossible en Europe parce que la négociation commerciale est de compétence communautaire. Pour cette raison, l'Europe s'accommode bien d'une gouvernance mondiale multilatérale fondée sur des règles, qui est proche de son propre système. Cette attitude vaut aussi bien pour les échanges commerciaux que pour d'autres domaines, en particulier la régulation du secteur financier et les politiques de l'environnement.

Troisièmement, l'Europe sert de régulateur global dans les domaines où il n'existe pas de régulation internationale et dans ceux où la régulation s'avère impuissante. Les politiques de la concurrence sont une illustration intéressante de cette capacité européenne : l'Union a pu, à plusieurs reprises, empêcher des fusions entre des entreprises de pays non européens au motif que les entités créées se seraient arrogé des positions dominantes au détriment des consommateurs. On se souvient de la victoire remportée par le commissaire européen à la concurrence Mario Monti, qui s'était opposé à la fusion entre General Electric et Honeywell. L'épisode n'est pas passé inaperçu et a en quelque sorte officialisé le rôle de régulateur global pris par l'Union européenne. Il semble tacitement admis qu'en protégeant les consommateurs européens l'Union puisse de fait nuire aux producteurs – y compris européens –, mais qu'en agissant ainsi elle protège aussi les consommateurs du monde entier.

Cela ne veut pas dire que l'Europe ait toujours eu le dessus dans les négociations avec ses partenaires internationaux. Une représentation extérieure mal adaptée et la tendance de l'Union à exiger du monde qu'il s'accommode de ses insuffisances institutionnelles nuisent à son influence internationale et sont partout sources d'irritation ou de moquerie.

Cela ne veut pas non plus dire que l'Europe n'est pas soucieuse de ses propres intérêts et qu'elle n'agit que dans le sens du bien commun. Toute prétention de cet ordre serait aussi naïve que fausse. Dans le domaine commercial et dans celui des régulations, elle a parfois défendu férocement des intérêts particuliers, comme s'en souviennent assurément les agriculteurs du reste du monde. Elle est donc parfaitement capable d'égoïsme. On peut cependant soutenir qu'elle l'est de façon sensiblement moins systématique qu'un certain nombre d'autres pays, dont le système politique national est directement responsable de la politique économique extérieure. Au sein de l'Union européenne se combinent une diversité des préférences nationales, une primauté de la loi et de la médiation par l'intermédiaire d'organes transnationaux qui modèrent et modulent l'expression des intérêts particuliers.

Aucun autre pays ou groupement de pays n'est aujourd'hui en mesure de contribuer de la même manière à la construction de la gouvernance mondiale. Les États-Unis gardent en grande partie leur suprématie diplomatique et leur incontestable supériorité intellectuelle ; mais la baisse inévitable de leur poids économique et la mesquinerie de leurs querelles politiques nationales pourraient, demain, les amener à des comportements erratiques. Certes, les grands pays émergents comme la Chine, l'Inde ou le Brésil ont intérêt au maintien d'un régime multilatéral. Mais, d'un point de vue politique, ces pays restent essentiellement tournés sur eux-mêmes et ne sont pas prêts à accepter qu'on empiète sur leur souveraineté. En ce qui concerne, enfin, les groupements économiques tels l'Asean, ils sont à ce jour trop faibles pour exercer une quelconque influence. Il n'est donc pas si présomptueux d'affirmer qu'au cours des dernières décennies l'Europe a apporté au monde quelque chose d'unique.

Au total, l'Europe joue donc un rôle plus important qu'on ne le pense souvent, aussi bien sur le plan quantitatif que qualitatif. En termes quantitatifs, il est clair que son importance est appelée à diminuer, de manière accélérée si elle ne parvient pas à résoudre les problèmes de la zone euro, plus lentement si les efforts consentis débouchent sur une union monétaire plus intégrée et plus vigoureuse. Sur le plan qualitatif, les questions abondent : il est légitime de se demander si l'Europe demeurera le laboratoire institutionnel du monde, si elle gardera un peu de sa flamboyance d'autrefois, enfin et surtout si elle a la volonté de se poser en garant du bien-être mondial.

Il est trop tôt pour répondre à ces questions. Même si la crise de l'euro se dénoue de façon satisfaisante, elle ne sera pas sans conséquence et il est possible que l'Europe y ait perdu une part importante de sa crédibilité et de son prestige. Quoi qu'il en soit, il est certain que, si son influence devait disparaître, le monde y perdrait l'héritage d'une histoire particulière que l'Europe peut apporter au dialogue international. C'est peut-être pour cette raison que ses partenaires ont patiemment participé aux nombreuses réunions consacrées à régler l'interminable crise de l'euro.

DEUXIÈME PARTIE

ET SI L'EUROPE RÉSISTAIT ?

1

La nécessaire coordination des politiques économiques

Patrick Artus

L'économie mondiale a commencé l'année 2013 avec de multiples handicaps : crise de la zone euro, ralentissement de la croissance des pays émergents et du Japon, politique budgétaire restrictive aux États-Unis et au Royaume-Uni, perte de compétitivité de la Chine. Contrairement à ce qu'on entend parfois, le monde n'est pas dans une situation de reprise cyclique. Le commerce mondial en valeur n'a progressé que de 4 % en un an, la croissance mondiale en volume attendue pour 2013 reste inférieure à 3 % et est légèrement plus faible qu'en 2012. Aucun pays ne peut espérer être tiré en dehors de la récession ou de la croissance faible par la reprise de ses exportations vers les autres pays. Mis à part la Chine et l'Irlande, tous les grands pays et toutes les régions de l'économie mondiale ont des exportations qui stagnent depuis un an.

On pourrait « rêver » que, face à ces difficultés, les politiques économiques menées dans le monde deviennent plus coopératives : changement de stratégies dans la zone euro, pacte de non-agression par les taux de change, coordination d'une relance économique mondiale dans les pays où des marges de manœuvre existent. L'absence de coordination internationale des politiques économiques est lourde de menaces : excès de liquidités, perte de croissance, mouvements erratiques des taux de change.

Lorsque la situation économique est difficile, y a-t-il incitation à la coordination ou à l'absence de coordination internationale ? On voit bien qu'il y a incitation accrue à mener des politiques de « passager clandestin » pour rejeter le poids de la crise sur les autres pays ; mais que le coût de l'absence de coordination est très élevé en raison de la situation initialement dégradée des économies. Le risque et le coût de l'absence de coordination sont donc importants dans une crise mondiale.

UNE ÉCONOMIE MONDIALE ENCORE INQUIÉTANTE

Même si les marchés financiers semblent rassurés, on doit être inquiet pour la situation de l'économie mondiale dans les mois à venir, avec un ralentissement de la croissance qui est général (la croissance mondiale en 2013 va être inférieure à 3 %, ce qui est très faible par rapport au passé), et qui se voit déjà avec la quasi-stagnation sur un an du commerce mondial en valeur. Les économies ralentissent en 2013 aux États-Unis, au Japon, en Europe, en Russie, elles accélèrent peu dans les pays émergents.

La zone euro va être en récession, avec les politiques budgétaires restrictives, le recul des salaires réels en dehors d'Allemagne, le recul de l'investissement même en Allemagne en raison de la faiblesse de la demande anticipée, le désendettement des ménages et des entreprises, les difficultés des banques dans les pays du Sud. On connaît maintenant les trois problèmes essentiels des économies de la zone euro. D'une part, le multiplicateur budgétaire est élevé, c'est-à-dire que la contraction de l'activité qui suit une politique budgétaire restrictive est importante. Même si la Commission européenne a donné, au printemps 2013, davantage de temps aux pays pour corriger leurs déficits publics, les politiques budgétaires restent très contraignantes. Ensuite, les prix sont rigides, avec l'insuffisance de la concurrence sur les marchés des biens, des services et de la distribution. Lorsque la hausse du chômage fait reculer les salaires, elle ne fait pas reculer les prix (ceci ne s'est observé qu'en Irlande), et il y a à la fois absence d'amélioration de la compétitivité-prix et recul des salaires réels et de la demande de biens. Enfin, le recul très important de l'investissement et les faillites d'entreprises conduisent à une destruction massive des capacités de production, 10 à 25 % depuis 2008 dans l'industrie dans les pays en difficulté de la zone euro.

Beaucoup d'analystes croient que le monde émergent est encore le moteur robuste de l'économie mondiale. Or les grands pays émergents et le Japon sont en difficulté : perte de compétitivité en Chine et signes de désindustrialisation, comme en témoigne le recul de 10 % sur un an des importations de biens d'équipement ; avec les fortes hausses des salaires, goulots d'étranglement multiples en Inde, sur le marché du travail et pour l'énergie qui conduisent à la stagnation de l'industrie depuis 2011 ; surévaluation du taux de change et désindustrialisation au Brésil où l'investissement recule ; destruction (25 % depuis 2008) de capacités de production avec le tsunami et excès d'épargne des entreprises au Japon. Cela entraîne une croissance faible ou une récession dans beaucoup de pays émergents en Asie et en Europe centrale : Corée, Taïwan, Singapour, Turquie, Pologne, Hongrie, République tchèque, Slovénie, Roumanie. Ces difficultés des grands émergents et du Japon sont structurelles, durables et non cycliques.

Le gouvernement chinois a choisi de pousser fortement à la hausse le salaire minimum (de 15 % par an environ) pour stimuler la consommation. Mais la perte induite de compétitivité de l'industrie a été très forte, d'où les délocalisations, le ralentissement de la production industrielle, qui n'augmente plus que de 9 % par an, et encore cela est-il dû à la forte croissance des industries liées à la construction (comme le ciment, l'acier...).

L'incapacité où se trouve l'industrie indienne d'embaucher davantage et de consommer davantage d'électricité ne se réglera pas à court terme, car il faudrait réformer le système éducatif et investir dans l'énergie. Le Brésil est confronté à l'impossibilité de réduire l'inflation, donc à celle de faire baisser les taux d'intérêt, d'où la surévaluation réelle du change. Pour que l'inflation structurelle recule, il faudrait résorber les goulots d'étranglement (transports), modifier le fonctionnement du marché du travail et renoncer à l'indexation des salaires. Enfin, quelles que soient les politiques économiques menées, le Japon sera toujours en difficulté tant que la déformation du partage des revenus se fera autant au détriment des salariés, d'où le recul des salaires et l'excès d'épargne des entreprises.

Enfin, le durcissement de la politique budgétaire au Royaume-Uni et aux États-Unis va ralentir les économies, même si les États-Unis connaissent une dynamique par ailleurs favorable avec le redressement de l'immobilier résidentiel et la réindustrialisation massive. En 2013, la hausse des cotisations sociales des salariés et les coupes dans les dépenses publiques représentent un durcissement de la politique budgétaire des États-Unis de 1,6 point du PIB et vont coûter 1 % de croissance aux États-Unis. Face à ces mauvaises nouvelles, on pourrait rêver que le monde s'organise et mette en place des politiques économiques coopératives. Donnons trois exemples importants.

CHANGER DE STRATÉGIE DANS LA ZONE EURO

Les autorités européennes pourraient comprendre que la stratégie mise en place dans la zone euro est un échec et conduit à une impasse. La perte d'activité et la montée du chômage dues aux politiques budgétaires restrictives et au recul des salaires réels ne sont pas une étape vers une amélioration des économies des pays de la zone euro dans le futur. Au contraire, les déficits publics ne se réduisent que peu ou même s'aggravent entre 2012 et 2013, en Belgique, en Irlande, en Espagne, en Italie, à Chypre, en France, aux Pays-Bas, au Portugal, en Slovénie, et que la capacité d'offre des économies se dégrade puisque l'investissement productif recule et que les entreprises détruisent des capacités de production à un rythme très rapide dans l'industrie en Espagne, en Italie, au Portugal et en Grèce.

Depuis 2010, la capacité de production de l'industrie a baissé de 18 % au Portugal, de 15 % en Italie, de 12 % en Espagne et en Grèce, de 8 % en France. Constat épouvantable : le potentiel de production et d'emploi de la zone euro recule. Il faudrait donc avoir le courage de passer dans la zone euro à une stratégie différente qui privilégierait le soutien à la croissance de long terme – avec des investissements dans l'énergie, dans les infrastructures, dans l'éducation, financés par l'Europe, alors qu'aujourd'hui les investissements publics reculent (pour la zone euro, de 2,6 % du PIB en 2009 à 2,1 % en 2012 ; pour l'Espagne, de 4,5 % à 1,8 % du PIB !) – et qui ne reprendrait la réduction des déficits publics qu'une fois la croissance repartie.

Certains signes d'une coopération limitée dans la zone euro apparaissent : la Banque centrale européenne va probablement passer à une politique monétaire encore plus expansionniste ; il y aura sans doute un soutien de quelques banques publiques (banque européenne d'investissement, KfW[1]) au financement des PME dans les pays du sud de la zone euro où les banques sont en difficulté. Mais on ne voit pas de soutien important des investissements efficaces, qui, d'une part, augmenteraient la croissance potentielle et, d'autre part, soutiendraient la demande. En l'absence de ces investissements, la solution retenue a été de réduire la vitesse de l'ajustement budgétaire pour limiter la hausse du chômage. Mais cette solution est dangereuse, car elle conduit dans le futur à un niveau extraordinairement élevé des taux d'endettement public dans la zone euro : 190 % du PIB en Grèce, au-dessus de 140 % du PIB en Irlande, au Portugal, en Italie ; autour de 125 % du PIB en Espagne.

Arrêter les stratégies agressives de change

Le second rêve serait que les grands pays cessent d'essayer d'améliorer leur situation économique au détriment des autres pays en dépréciant leur taux de change. C'est la fameuse « guerre des changes ». Un des objectifs clairs, sinon explicites, des politiques monétaires très expansion-

---

1. Kreditanstalt für Wiederaufbau (Établissement de crédit pour la reconstruction).

nistes menées aux États-Unis, au Royaume-Uni, et maintenant au Japon avec le gouvernement Abe, est de déprécier
les taux de change [130 milliards de dollars au 1er trimestre
2013 ; de son côté, la Chine accumule à nouveau des
réserves de change] pour limiter l'appréciation du RMB.
Les perdants de ces politiques sont connus : la zone euro
qui n'a pas de politique de change, les pays émergents qui
ne peuvent pas empêcher l'appréciation de leur devise vis-
à-vis du dollar. Avec un réal surévalué en termes réels de
40 %, le Brésil ne peut que perdre son industrie ; quant
au won coréen, il s'est apprécié de 25 % en termes réels
depuis 2009.

Le cas de la nouvelle politique monétaire du Japon
illustre parfaitement ce phénomène. La Banque du Japon
veut doubler la taille de la base monétaire (de l'encours de
monnaie de banque centrale) d'ici la fin de 2014, passant
de 35 % à 70 % du PIB ! Cette annonce a conduit à un
flux d'achats d'obligations étrangères par les investisseurs
japonais, avec le niveau très bas des taux d'intérêt domestiques, d'où un recul du yen au-dessus de 100 yens par dollar. Cela crée des distorsions de change considérables, en
particulier entre les pays d'Asie.

PRATIQUER UNE POLITIQUE DE RELANCE
DE LA CROISSANCE LÀ OÙ C'EST POSSIBLE

Le troisième rêve enfin serait que, puisque la croissance
mondiale ralentit, les pays qui en ont la possibilité mènent
des politiques de soutien de leur demande intérieure afin
de stimuler de manière coopérative l'économie mondiale.
Il s'agit des pays ayant des excédents extérieurs, des dettes
publiques faibles leur permettant d'accroître leurs déficits

publics (la Chine), des taux de profit des entreprises élevés leur permettant d'accroître les salaires, en particulier l'Allemagne et le Japon, il s'agit aussi des pays exportateurs de pétrole. L'Allemagne a un excédent budgétaire en 2013, ce qui est insensé compte tenu de la situation de la zone euro. La relance chinoise est assez modeste et génère peu d'importations supplémentaires ; les entreprises japonaises ont des profits qui dépassent de plus de 40 % leurs besoins d'investissement et, gâchis énorme, sont investis en dépôts bancaires rapportant 0 %.

Mais ces politiques coopératives sont très difficiles à mettre en œuvre, pour des raisons politiques ou économiques structurelles. En Allemagne, il est maintenant inscrit dans la Constitution qu'il ne peut pas y avoir de déficit structurel. Une récession en Allemagne peut y faire apparaître un déficit budgétaire cyclique, mais elle ne peut mettre en place un déficit public en raison d'une récession dans les autres pays de la zone euro. Il faut rappeler que ce choix est irréversible, qu'il a été fait par tous les partis politiques allemands. Il faut cependant rappeler que, avec une situation proche du plein-emploi, les salaires réels augmentent de plus de 1,5 % par an en Allemagne, et qu'il y a donc un certain soutien de l'activité en Europe par la demande des ménages.

Au Japon, on l'a vu plus haut, c'est la déformation continuelle du partage des revenus au détriment des salariés qui affaiblit la demande et génère l'excès de profits des entreprises. Mais il faudrait changer complètement la nature du marché du travail du Japon pour corriger le partage des ressources, qui résulte de la transformation d'un marché du travail avec une grande majorité de contrats de travail à très long terme (à vie) en un marché du travail dominé par les contrats de travail à très court terme (d'intérim).

Ne rêvons pas : il est très peu probable en réalité que la zone euro sorte de la stratégie d'austérité ; que les pays renoncent à utiliser le taux de change comme arme de politique économique ; que les pays disposant de marges de manœuvre relancent substantiellement leur économie. Ceci implique que la crise de la zone euro n'est pas en réalité finie, que la guerre des changes va générer des excès de création de liquidités et une volatilité forte des taux de change, ce qui s'observe déjà, et que la croissance mondiale ne repart pas.

2

L'euro surévalué ?

Pascal Lamy

À peine le vent de panique qui a soufflé sur l'euro pendant deux ans est-il retombé, à peine l'euro s'est-il stabilisé, que le débat reprend de plus belle sur son appréciation : « Trop fort, trop haut, faire baisser l'euro pour relancer la croissance », les chroniques s'enchaînent. La faiblesse de l'euro, symbole d'une Europe en difficulté, serait soudainement devenue bienfaitrice.

N'y a-t-il pas dans ce débat une part d'irrationnel, voire d'idéologie, comme souvent en matière de change ? L'expérience accumulée par le Gatt, puis par l'OMC, démontre que les questions de change peuvent facilement empoisonner les relations économiques et commerciales internationales : dans le passé lointain, entre les États-Unis et le Japon ; plus récemment entre les États-Unis et la Chine ; depuis peu entre le Brésil et ses concurrents émergents. Les acteurs changent, le thème demeure.

Les enseignements des travaux et des débats récents à l'OMC valent pour l'euro, comme pour les autres monnaies. Ils tiennent en cinq points : l'impact du taux de change sur la performance économique et commerciale des pays est surestimé dans le débat public ; les nouvelles modalités du commerce international rendent cet impact encore plus incertain ; le profil des échanges de l'Europe avec le reste du monde expose plutôt moins l'Europe aux fluctuations de change que d'autres ; c'est le manque de coopération monétaire internationale institutionnalisée qui pose problème en ce qu'il fait planer en permanence un danger de désordre ; enfin, le débat sur le change ne doit pas masquer la nécessité de réformes internes, visant à redresser la compétitivité des économies en difficulté.

SUR LE MOYEN TERME, L'IMPACT
DU TAUX DE CHANGE SUR LA PERFORMANCE
ÉCONOMIQUE ET COMMERCIALE EST DISCUTABLE

Depuis la fin du système de l'étalon de change or en 1973, les taux de change fluctuent plus librement. D'où deux difficultés pour les acteurs du commerce international : à court terme, une volatilité excessive qui engendre des coûts d'incertitude : à long terme, en l'absence d'un mécanisme de correction automatique des taux de change par rapport à leurs niveaux d'équilibre, un risque de « désalignement ». La question des taux s'est initialement centrée sur la volatilité des changes dans les années 1970 et 1980. Elle a pris de l'ampleur dans le débat économique à partir des années 1990, lorsqu'on s'est mis à soupçonner, à tort ou à raison, que les déséquilibres mondiaux des comptes courants avaient leur origine dans des écarts prolongés des taux de change par rapport à leurs niveaux d'équilibre.

À la demande des membres de l'OMC, à partir de 2010 le secrétariat a examiné en détail la littérature économique concernant l'impact des variations de change sur les échanges commerciaux. Que dit-elle ?

En ce qui concerne les effets de la volatilité des taux de change, les innombrables écrits accumulés montrent qu'une forte variabilité des changes peut avoir un effet négatif sur l'échange commercial mais aussi que cet effet peut être corrigé. Pourquoi ? Car, bien que les entreprises exportatrices soient en principe plus sensibles que les autres aux fluctuations des taux de change, cette sensibilité est réduite par plusieurs facteurs tels que l'existence d'instruments de couverture, la présence d'intrants importés (qui compensent l'effet des variations de taux de change sur la fixation du prix des exportations), la présence des entreprises sur le marché mondial (où les mouvements à la hausse et à la baisse des divers taux de change se compensent), la possibilité de libeller les factures en monnaie locale et la capacité d'absorber dans les marges de profit les pertes dues aux variations des taux de change. Au total, ce coût d'incertitude peut donc en partie être compensé. Mais dans une moindre mesure pour les PME, notamment en raison de leur accès limité aux couvertures de change, de leur faible pouvoir de marché et de détermination de la monnaie de facturation.

Qu'en est-il alors des désalignements, c'est-à-dire de l'écart supposé et prolongé entre le niveau d'une monnaie et son taux d'équilibre ? Là encore, les études théoriques et empiriques montrent que la relation entre le niveau d'une monnaie et la performance commerciale est ambiguë. La présence, la dimension et la persistance des effets d'une dépréciation ou d'une dévaluation sur le solde commercial divergent considérablement selon les études. Il faut notamment qu'un tel désalignement modifie le système des prix relatifs d'un pays d'une manière suffisamment durable et importante pour générer un transfert de ressources, qu'il ait des effets quantitatifs, et qu'il modifie les comportements des entrepreneurs, comme le comportement de marge, la substitution de facteur (capital-travail) ou la substitution du commerce à l'investissement direct ou inversement. Ni la théorie ni les études empiriques ne valident que ces conditions sont automatiquement réunies.

Ajoutons-y un facteur lié aux évolutions récentes du commerce mondial : dans un monde où les chaînes de valeur internationales s'étendent sans cesse et dans lequel la part des produits importés dans les exportations s'accroît (en moyenne 40 % dans les grandes économies développées, souvent bien davantage dans les pays en développement), on peut affirmer que les effets traditionnels de l'appréciation et de la dépréciation de la monnaie sont en grande partie amortis. Du coup, quel est l'intérêt de mener une politique de monnaie faible si cela a pour but de renchérir les coûts des intrants importés ? Où est le gain de compétitivité ? Les travaux récents sur les chaînes de valeur menés par l'OMC, l'OCDE, la Banque mondiale, le FMI et plusieurs banques régionales de développement montrent que dans la quasi-totalité des pays du monde, développés ou en développement, la part de la valeur ajoutée par unité d'exportation a tendance à baisser, du fait de l'augmentation tendancielle des importations dans le processus de production. Comment alors justifier des stratégies de monnaie faible ? La Banque mondiale, dans une étude de 2012, montre avec éloquence que de telles stratégies ne sont pas à recommander aux pays en voie de développement ou émergents. Seuls les pays les moins avancés pourraient en profiter sous certaines conditions.

L'IMPACT DU TAUX DE CHANGE SUR LE COMMERCE EUROPÉEN INTERNATIONAL EST FAIBLE

Aux arguments qui précèdent, il faut ajouter certaines caractéristiques européennes. L'une d'entre elles est le « coussin » de sécurité que constitue le commerce intracommunautaire face aux fluctuations de change. Plus de 60 % du commerce extérieur français est situé dans la zone euro. Du coup, la part des États-Unis dans le commerce extérieur total de la France est relativement stable depuis vingt ans, (environ 7 %). L'exposition directe de la France au taux euro/dollar semble donc limitée. Par comparaison, la part de l'Asie dans le commerce extérieur de la France a augmenté considérablement, de l'ordre de 13 %, et dépasse désormais celle de l'Amérique du Nord. Même en utilisant les plus récentes mesures du commerce international en valeur ajoutée, plus précises, ces proportions restent valables.

Par ailleurs, dans un monde où la part des pays industrialisés baisse tendanciellement en raison de l'arrivée de nouveaux entrants, les parts de marché européennes dans le commerce mondial (extracommunautaire) résistent mieux que celles de ses concurrents : entre la mi-1990 et la fin des années 2000, cette part de marché se stabilise à 19 % du commerce de marchandises, quand Japon et États-Unis perdent chacun 6 points, et ce alors que l'euro/dollar a connu des variations nominales considérables (0,88 en fin 2001, 1,55 à l'automne 2008, près de 80 % de variation !). L'Europe aura gagné pendant cette période des parts de marché dans les produits haut de gamme et certains secteurs de haute technologie. Mais, *avec le même euro*, certains verront leurs parts de marché s'accroître franchement (les nouveaux membres de l'UE), d'autres s'accroître un peu (la RFA), pendant qu'un autre groupe en perdra (2 points en moins pour la France et Italie) – les uns et les autres se compensant.

Alors, que conclure pour l'euro ?

Qu'il faut éviter de réagir à chaque fluctuation marginale des taux de change : ces fluctuations n'engendrent pas forcément de modifications des prix relatifs. Ce qui compte, c'est la tendance du taux de change à moyen terme. Par ailleurs, concentrer l'attention sur les parités bilatérales est trompeur : le taux de change multilatéral, celui que les économistes appellent « taux de change effectif », c'est-à-dire les variations réelles de l'euro par rapport à toutes les autres monnaies (pas seulement le dollar), pondéré par la part de ces pays dans le commerce, est celui qui fait sens économiquement. Si l'on regarde l'évolution de ce taux pour l'euro depuis le milieu des années 1990 (rétropolé avant 1999 en utilisant les parités officielles dans l'ancien SME), celui-ci est stable. Il équilibre la balance des paiements de la zone euro. Il est donc vraisemblablement proche de la notion de taux de change d'équilibre, telle que la définit le FMI. À noter que le taux de change effectif du dollar, malgré ses fluctuations bilatérales, se révèle remarquablement stable, également, depuis la même date. Peu de matière à polémiques, donc.

LE PROBLÈME RÉSIDE PLUTÔT DANS LE MANQUE
DE COORDINATION MACROÉCONOMIQUE, QUI FAIT
PESER UNE INCERTITUDE SUR LE MARCHÉ DES CHANGES

Il y a, en matière d'impact des variations de change sur le commerce, plus qu'une incompréhension mutuelle entre le monde de la macroéconomie, axée sur les décisions globales de court terme, provoquant parfois des variations justifiées du taux de change, et la communauté des exportateurs et importateurs, pour qui les taux de change sont des facteurs exogènes et subis. Les mouvements erratiques des taux de change peuvent être source de frustrations. Mais ils peuvent aussi fausser la concurrence à court terme. En cause, la volatilité excessive et le mouvement désordonné des taux de change qui ne s'ajustent pas aux fondamentaux de l'économie. L'absence d'un « juge de paix » qui organise une évolution ordonnée de ces taux demeure source de tension dans un monde où les capitaux circulent plus vite que les marchandises.

Le système de Bretton Woods avait certes bien des défauts, mais il a donné, pendant un temps, l'impression qu'il existait une gouvernance organisée du système monétaire international. Depuis la fin de ce système, la communauté du commerce appelle constamment à une plus grande stabilité des taux de change et à des ajustements appropriés de la balance des paiements. C'était déjà le cas dans la déclaration ministérielle de 1973 lors de l'ouverture du Tokyo Round. Ou en 1994, vingt ans plus tard, dans la déclaration ministérielle sur la contribution de l'OMC à une plus grande cohérence dans l'élaboration des politiques économiques. C'est aussi le sens de l'article XV du Gatt[1], même s'il date de 1947, et s'il n'a jamais été testé au titre du règlement des différends de l'OMC.

Les mouvements erratiques des taux de change sont donc un facteur d'incertitude dans le système commercial

---

1. Cet article dispose que les membres du Gatt/OMC doivent s'abstenir de toute mesure de change, qui irait à l'encontre des objectifs Gatt/ OMC, et de toute mesure commerciale, qui irait à l'encontre des règles du FMI.

multilatéral d'aujourd'hui. Il faut reconnaître leur influence dans l'élaboration de la politique commerciale, notamment parce que les variations des taux de change peuvent faire augmenter ou baisser temporairement le niveau de protection souhaité ou perçu par les opérateurs nationaux. Le maintien de certains niveaux de protection à la frontière convenus multilatéralement constitue sans aucun doute un objectif légitime de politique commerciale. Les niveaux de protection souhaités sont négociés par les membres de l'OMC dans le cadre d'engagements à long terme – précisément parce qu'il est nécessaire que les politiques générales établissent des conditions d'accès prévisibles pour les producteurs et les négociants.

C'est pourquoi il est préoccupant que la communauté internationale ne cesse de piétiner sur la question de la réforme du système monétaire international. Nous avons besoin d'un système qui soutienne à la fois l'investissement transfrontières et une meilleure répartition des capitaux entre les nations, et qui « facilite le commerce international » – comme il est indiqué dans les objectifs du FMI. Un système monétaire mondial qui inspire confiance, offre la stabilité et soit capable d'exercer une surveillance plus efficace sur les taux de change. Un système qui permette de répondre aux déséquilibres mondiaux qui risquent de mettre en danger la stabilité. Cela veut dire qu'un système international qui vise à obtenir une plus grande stabilité des taux de change et à corriger les déséquilibres contribue à l'expansion des échanges, source d'efficience. Dans le même temps, les mesures commerciales ne peuvent pas corriger les déséquilibres politiques dans d'autres domaines et ne peuvent apporter une réponse à des déséquilibres macroéconomiques qui ne relèvent pas de la politique commerciale. Des mesures commerciales adoptées à titre de rétorsion aux variations de change à court terme seraient vraisemblablement sans effet et risqueraient d'ouvrir la voie à une surenchère protectionniste.

LE DÉBAT SUR LE TAUX DE CHANGE NE PEUT ÊTRE UN SUBSTITUT AUX RÉFORMES INTERNES DE COMPÉTITIVITÉ

Pour en revenir à l'euro, l'exposition de la zone euro au dollar, quoique non nulle, demeure réduite. Les exportateurs qui ne produisent qu'en euros et ne reçoivent leurs recettes d'exportation qu'en dollars sont de moins en moins nombreux avec l'imbrication des processus de production au niveau international – même dans l'aéronautique où le débat sur le niveau de l'euro est vif. Et les perspectives de « grand marché transatlantique », si elles se réalisent, ne changeront pas les ordres de grandeur actuels.

Ce débat ne doit cependant pas masquer celui sur les réformes intérieures à faire pour restaurer une compétitivité dégradée. Au cours des dernières années, alors que l'euro s'échangeait à peine au-dessus de 1,20 dollar, la France enregistrait ses plus forts déficits commerciaux (-70 milliards). *Avec le même euro*, fin 2012, l'Allemagne enregistrait un excédent de 188 milliards, avec des exportations en valeur *deux fois* supérieures à la France. Ces écarts de compétitivité ne se creusent pas en six mois ni même en un an. Ils sont le fruit d'années de pertes de parts de marché, y compris d'un pays envers l'autre.

Quant à la sensibilité de la zone euro aux variations de change, l'amélioration de l'efficacité du marché unique, qui renforce la compétitivité de toutes les entreprises qui y participent et donc les prépare mieux aux marchés mon-

105

diaux, et le renforcement de la coordination des politiques économiques en Europe sont la meilleure protection contre les variations de change, et plus généralement contre les chocs externes subis par la zone euro. L'expérience montre que le taux de change et les mouvements de capitaux se sont stabilisés lorsque l'Europe a progressé dans la coordination de ses politiques macroéconomiques.

Plus une monnaie est stable à moyen terme, plus elle est utilisée au niveau international, et plus son utilisation devient un élément de compétitivité en soi. De récents travaux ont montré que les exportateurs, afin de limiter les fluctuations de leurs prix en comparaison de leurs concurrents, tendent à opter pour la monnaie de facturation de ces concurrents. Cela renforce évidemment l'utilisation de la, ou des monnaies dominantes, comme le dollar ou l'euro, à condition qu'elles s'appuient sur des « fondamentaux solides ».

3

L'impératif d'une politique de change

Christian de Boissieu

Lors de la réunion des ministres des Finances et des gouverneurs des banques centrales du G20 à Washington en avril 2013, la Russie, présidente du G20 pour l'année, avait expressément souhaité éviter le débat sur la guerre des monnaies. Pourquoi ? Parce que le sujet fâche, qu'il manque de solutions consensuelles et qu'il fait l'objet de surenchères dangereuses pour la coordination internationale. Dans une perspective européenne, il convient d'éclairer certaines des facettes de cette guerre des monnaies et d'évoquer les risques qu'elle pourrait faire courir à une Europe assez mal armée en l'espèce.

POURQUOI LA GUERRE DES MONNAIES ?

La crise mondiale, enclenchée en 2007 et loin d'être achevée à ce jour, n'a heureusement pas engendré la vague de protectionnisme qui a tant marqué les années 1930. On le doit en grande partie au G20 qui a obligé les pays autour de la table à se parler, à expliciter leur stratégie face à la crise et à se soumettre à la pression des pairs. Point de protectionnisme officiel donc, malgré l'enlisement des négociations commerciales à l'OMC et l'affaiblissement durable de cette institution internationale. Mais la tentation du protectionnisme déguisé passant par des obstacles non tarifaires (normes et standards...) reste vive. La récession mondiale de 2009 a été profonde dans certaines zones (dont l'Europe), mais elle a été brève grâce à la réactivité des banques centrales et des politiques budgétaires. La résistance face à la tentation protectionniste a contenu la récession, et elle a été elle-même aidée par la brièveté de cette récession.

Dans ce contexte de langueur économique, voire de recul de l'activité, et de chômage élevé et souvent en augmentation, chaque pays peut être tenté de jouer le jeu de la dépréciation de sa monnaie (en changes flottants) pour renforcer sa compétitivité-prix et ses exportations, donc la croissance et l'emploi. Face à une demande intérieure (consommation, investissement) souvent atone et de toute façon handicapée par l'incertitude générale, par le chômage et les pressions sur le pouvoir d'achat, chaque pays cherche à doper la demande extérieure qui s'adresse à lui. Or, la sous-évaluation de sa devise est une manière très efficace, souvent plus que le protectionnisme commercial, pour protéger son marché domestique et se donner des avantages au large.

La guerre des monnaies, expression rendue populaire il y a plus de trois ans par le ministre brésilien des Finances, évoque également le refus d'un certain nombre de pays, qui combinent des réserves de change abondantes et des excédents extérieurs significatifs et structurels, de réévaluer leur monnaie autant qu'il serait justifié de le faire.

Dans cette catégorie entrent des pays émergents comme la Chine, qui a réévalué le yuan d'environ 25 % depuis trois ans, un chiffre en deçà de ce que ses partenaires du G20 lui demandent et de ce qui paraît économiquement justifié, mais aussi le Brésil, la Corée du Sud et quelques-uns de ses voisins asiatiques, etc. Même le Royaume-Uni, confronté à la récession, est tenté de laisser filer la livre sterling pour se donner un peu d'air !

Le protectionnisme monétaire est encouragé par les changes flottants, composante centrale du non-système monétaire international dans lequel nous vivons depuis la mort du système de Bretton Woods, et par l'absence de gendarme mondial sur les changes. Depuis longtemps, le FMI, le G7/G8 ainsi que le G20 ont abdiqué toute ambition en la matière. Nous ne reviendrons pas de sitôt à Bretton Woods, ni même à un système intermédiaire comme celui des zones cibles (*target zones*) pour les principales devises, fugitivement mis en œuvre pendant quelques mois après les accords du Louvre de février 1987.

Comme le protectionnisme commercial lorsqu'il se généralise, la guerre des monnaies a toutes les chances d'être au bout du compte un jeu à somme négative : l'illusion de gains nationaux à court terme s'efface, dans le long terme, devant des pertes pour tous.

LES PRINCIPAUX PROTAGONISTES

Les États-Unis

Loin de l'idée de la « douce insouciance » (*benign neglect*) à l'égard du taux de change, les Américains s'accommodent fort bien de la faiblesse structurelle du dollar.

Plus les secrétaires au Trésor successifs vont répétant qu'ils sont pour un dollar « fort », plus cela devient suspect... Dans un contexte où l'inflation est modérée et même en recul depuis plusieurs trimestres, les avantages pour les États-Unis de la sous-évaluation du billet vert en termes de compétitivité l'emportent sans hésiter sur les petits inconvénients dus au renchérissement des importations.

Face à la crise, la Fed pratique depuis 2009 une politique monétaire non conventionnelle (QE1, puis QE2 et désormais QE3, QE signifiant *quantitative easing*). Cette politique, qui vise à relancer l'économie réelle (investissement, croissance et emploi) dans une configuration d'inflation sous contrôle, a eu pour effet de tripler le bilan de la Fed, passé de 1 000 milliards de dollars en 2007 à plus de 3 000 milliards aujourd'hui. Autrement dit, la base monétaire a « explosé », la masse monétaire progressant moins, car dans le même temps le coefficient multiplicateur de cette base monétaire a sensiblement baissé.

Sans ouvrir ici le débat sur l'indépendance ou non de la Fed vis-à-vis du gouvernement, on peut partager le point de vue suivant : si l'objectif de la banque centrale américaine n'est certes pas de faire baisser le dollar, la politique agressive qu'elle mène aboutit, comme conséquence latérale, à ce résultat par le simple jeu de l'offre et de la demande. Il faut ajouter que la Fed a rarement « stérilisé » ses interventions, acceptant que ses achats massifs de titres publics et privés gonflent d'autant son bilan et donc la base monétaire. Les marchés financiers dans le monde surinterprètent la moindre déclaration de Ben Bernanke ou la moindre divergence à l'intérieur du Comité de politique monétaire de la Fed. Le QE sera levé lorsque la preuve d'une reprise vigoureuse sera apportée, ce qui n'est pas le cas aujourd'hui.

Le dollar va rester faible et nettement sous-évalué, ce qui pourrait finir par peser sur son rôle international.

Du côté américain, d'où pourraient venir les limites à l'instrumentalisation du dollar dans la guerre des changes ? J'en vois deux. D'abord, un rebond de l'inflation modifierait le bilan coûts/avantages évoqué plus haut. Sa probabilité est faible malgré l'abondance de liquidités : le niveau encore élevé du chômage et l'attrait des investisseurs pour les marchés d'actifs (y compris certains compartiments du marché obligataire et les marchés de matières premières) écartent, pour les trois ou quatre années qui viennent, le scénario d'une vraie reprise de l'inflation au sens habituel (prix de gros et prix de détail) dans les pays les plus avancés. En revanche, l'abondance de liquidités va continuer à alimenter des bulles, avec la persistance du passage d'une bulle à l'autre. En second lieu, l'offre de dollars est élastique mais jusqu'à un certain seuil. On se souvient de l'adresse de John Connally, secrétaire au Trésor de Nixon, aux Européens : « Le dollar, notre monnaie, votre problème. » Cela ne vaut que tant que le billet vert demeure crédible aux yeux des non-résidents qui financent les déficits américains. Aujourd'hui, les États-Unis couvrent ces déficits à plus de 90 % dans leur devise. On ne peut exclure, avec le dépassement de seuils de (non)-soutenabilité, une crise de confiance dans le dollar, qui certes le ferait reculer brutalement, mais surtout introduirait des ruptures dans le financement de l'économie mondiale.

Le Japon

Après plus de quinze ans de déflation, le Japon s'est décidé à employer les grands moyens pour doper ses exportations et aller vers une inflation de 2 % en rythme annuel.

Il est clair que le nouveau gouvernement a fait pression sur la Banque du Japon, faisant ainsi apparaître les limites de l'indépendance de cette dernière. En avril 2013, Haruhiko Kuroda, le nouveau gouverneur, a annoncé un objectif ambitieux : doubler la base monétaire (billets et réserves des banques), donc en gros le bilan de la banque centrale, d'ici à 2014. Pour ce faire, la Banque du Japon va acheter à grande échelle des titres d'État et faire prévaloir des taux proches de zéro sur l'ensemble de la courbe des taux. Le Premier ministre Shinzo Abe a situé la stratégie de la banque du Japon dans un contexte plus large, la métaphore des « trois flèches » : assouplissement monétaire, relance budgétaire via le financement public de grands travaux et réformes structurelles relatives à l'investissement privé, à l'essor de l'activité des femmes, etc.

La partie est loin d'être gagnée. Certes, le yen a reculé à court terme contre la plupart des devises, améliorant la compétitivité-prix du pays. Il est trop tôt pour parler d'inversion de tendance... Les exportations japonaises sont d'ailleurs assez peu sensibles aux effets prix. En mars 2013, les prix reculaient encore de 0,9 % sur un an et l'objectif d'une inflation positive à 0,7 % de mars 2013 à mars 2014 paraît hors d'atteinte.

L'entrée spectaculaire du Japon dans la guerre des monnaies est un signal fort dans une direction non coopérative. Et ce même si les premiers effets de contagion jouent dans un sens a priori favorable : les taux d'intérêt à long terme ont baissé dans le reste du monde jusqu'au début de 2013, un mouvement inverse s'étant amorcé depuis. Les investisseurs empruntant à des taux presque nuls au Japon pour prêter à des taux plus élevés ailleurs (*carry trade*). La stratégie activiste du Japon est quand même bornée par le recul tendanciel du rôle international de sa devise. Le yen ne représente plus que 3 % des réserves de change des banques centrales dans le monde (à l'exclusion de l'or), contre 61 % pour le dollar et 27 % pour l'euro. Au niveau mondial, la devise japonaise est tombée en deuxième division ; elle n'est même plus la monnaie régionale de l'Asie. Cette évolution est, selon toute probabilité, irréversible.

Les pays émergents

La question du taux de change du yuan chinois va rester à l'ordre du jour du G20 et des autres instances de coordination internationale pendant longtemps encore. Depuis le début de la crise mondiale, les Chinois ont accepté sur ce point des concessions, mais elles ne sont pas à la hauteur des réserves de change de la Chine (l'équivalent de 3 440 milliards de dollars au printemps 2013) ni des excédents extérieurs du pays. Pour l'avenir, on ne peut séparer la dynamique du yuan de l'objectif affiché par la Chine de changer de modèle de croissance, aujourd'hui fondé sur la demande étrangère, et qui a vocation dans le futur à davantage reposer sur la demande intérieure.

Les autres grands pays émergents sont également sollicités pour réévaluer leurs monnaies. Dans ce scénario fort peu coopératif, chacun résiste et prend argument du comportement des autres pour ne rien lâcher. La chute des devises émergentes à l'été 2013 (Inde, Brésil, Turquie, Indonésie...) n'a pas vraiment fait l'affaire de ces pays, contrairement à ce que l'on pouvait imaginer, car elle a été trop brutale. Difficile de trouver le bon équilibre... Le cas du Brésil est intéressant. Car ce pays, aux premières loges de la dénonciation depuis trois ans de la guerre des monnaies et de ses effets, est désormais confronté à des arbitrages douloureux : le rebond de l'inflation – le seuil de 6,5 % en rythme annuel considéré comme la borne de l'acceptable a été dépassé au printemps 2013 – a conduit la banque centrale à relever son taux directeur, ce qui a contenu le recul de la roupie depuis l'été 2013. Comme on le sait, une politique active du taux de change se heurte souvent à des conflits d'objectifs et à des arbitrages court terme/ long terme.

Comment répartir la charge des ajustements requis entre pays développés, pays émergents et pays en développement qui n'émergent pas vraiment ? Entre pays excédentaires et pays déficitaires ? Nous en revenons aux questions de base, déjà abordées dans un contexte certes différent par Keynes après la Première Guerre mondiale. La question se pose aussi bien à l'échelle internationale, autour de la table du G20 ou de celle du G7/G8, lorsque la Chine est sollicitée pour prendre une part accrue dans la résorption des déséquilibres mondiaux, qu'en Europe où l'Allemagne est sous la pression de ses partenaires pour accepter des hausses de salaires plus fortes. L'époque actuelle a le tort de ne pas bien expliciter les termes du débat au niveau mondial et en Europe, et ce faisant de nourrir à la fois des illusions et des ressentiments.

Et l'Europe dans tout cela ?

Aujourd'hui, l'Europe fait figure de spectateur à peine engagé dans la guerre des monnaies. Car le taux de change de l'euro est plus la résultante de la stratégie des autres que l'expression de notre politique. Si l'euro n'a pas reculé significativement vis-à-vis du dollar malgré la grave crise de la zone euro, cela tient plus à l'agressivité monétaire de la Fed et des États-Unis qu'à nous-mêmes ! Pourtant, la BCE pratique aussi une politique non conventionnelle et son bilan a doublé depuis 2007, alors que celui de la Fed a triplé. Nécessaire sans doute, mais visiblement pas suffisant pour faire reculer l'euro...

Cette relative passivité, pour ne pas dire naïveté, de l'Europe en matière monétaire pourrait se révéler rapidement coûteuse. Nous allons progressivement sortir de la crise de la zone euro et notre monnaie va survivre aux turbulences actuelles. À la fois la réactivité de la BCE, la détermination de ses dirigeants (« l'euro est irréversible », a proclamé Mario Draghi), la position en définitive pragmatique de l'Allemagne, qui finit par accepter les compromis nécessaires après avoir commencé par dire non, sous-tendent une telle affirmation. La probabilité est alors forte que, dans les deux ans qui viennent, le taux de change de l'euro monte, non pas parce que l'Europe va se redresser (cela prendra plus de temps !), mais du fait du plus grand activisme monétaire des autres zones. Si tel est le cas, nous continuerons à vivre cette situation paradoxale dans laquelle la zone du monde la moins tonique – l'Europe – serait la première victime de la guerre monétaire.

Pour éviter un tel scénario, la zone euro devra, comme les autres, se doter d'une politique de change. À s'en tenir au débat institutionnel, l'approche est ambiguë, puisque en vertu du traité de Maastricht le Conseil Ecofin et en dernier ressort le Conseil européen sont compétents pour fixer les grands principes du régime de changes, alors que la BCE est chargée de leur application au jour le jour. Cette ambiguïté (voulue ?) explique la coexistence d'au moins deux figures tutélaires de l'euro : le président de l'Ecofin et le président de la BCE. Foin des querelles institutionnelles, l'important sera d'affronter le défi d'une surévaluation excessive de la devise européenne si elle se produit et si nous devions aller vers un euro à 1,50 dollar, voire plus.

La BCE devra alors utiliser toutes les armes à sa disposition – réduction de son taux directeur, intensification de sa politique non conventionnelle – pour accroître la liquidité en euros et faire baisser les taux d'intérêt sur toutes les échéances... La réduction de son principal taux directeur de 0,75 % à 0,5 % en mai 2013, c'est-à-dire au même niveau que la Banque d'Angleterre mais encore au-dessus de la Fed ou de la Banque du Japon, traduit une incursion des autorités européennes dans le champ des grandes manœuvres monétaires. Il a fallu attendre que l'inflation dans la zone euro s'installe suffisamment loin du seuil de 2 % par an pour que la BCE baisse sa garde. Il faudra pour l'avenir compter avant tout sur nous-mêmes, car une intervention coordonnée des grandes banques centrales pour faire remonter le dollar et reculer l'euro serait difficile à imaginer. Certes, la Fed a participé en octobre 2000 au concert des banques centrales pour obtenir un recul du billet vert et une appréciation de l'euro, mais c'était dans l'intérêt des États-Unis de le faire. Ce qui ne serait évidemment pas le cas dans le scénario symétrique envisagé ici.

Mario Draghi a montré en 2012 beaucoup de pragmatisme face à l'aggravation de la crise dans la zone euro. Un nouveau test de ce pragmatisme pourrait se présenter assez vite si l'euro devait s'apprécier par défaut dans cette guerre des monnaies. La zone euro ne peut pas s'installer dans le statut de variable d'ajustement. La réponse ne passe pas seulement par la BCE et des solutions techniques. Elle suppose aussi des sauts qualitatifs dans l'intégration économique de la zone euro et dans l'affirmation d'une Europe politique.

La guerre des monnaies est-elle une guerre commerciale qui n'oserait plus dire son nom ? Au vu des développements récents, on pourrait en douter. Les querelles commerciales entre la Chine et l'Europe, avec des points de fixation sur certains sujets (les panneaux solaires, les vins, les automobiles...), illustrent une phase de complémentarité plus que de substitution entre guerre monétaire et guerre commerciale. La relance de l'OMC et du multilatéralisme est urgente, car le bilatéralisme, indispensable par ailleurs, trouve ses limites. En matière monétaire, nous aurions besoin d'un « juge de paix » au niveau mondial. Le G20, pas plus que le G7/G8, ne remplit ce rôle. Il serait temps de conférer au FMI un rôle explicite en matière de change si l'on veut éviter les dégâts, pour tous, des solutions monétaires non coopératives.

4

Le rôle clé
de la Banque centrale européenne

Jean-Paul Betbèze

Pas facile pour la Banque centrale européenne de jouer
« son » rôle, car il est très compliqué et change tout le
temps. Il s'inscrit dans un univers où il y a tant de suscepti-
bilités à gérer en interne comme en externe, tant d'enjeux,
où un « petit » rôle peut tout faire capoter (Grèce en attendant Chypre), où nul ne fait de cadeau, sachant que le texte
à interpréter est confus, évolutif, plein de surcharges. Et,
pourtant, il est le plus important de tous...

LE RÔLE DE LA BANQUE CENTRALE EUROPÉENNE :
CONTRIBUER À CRÉER
UNE GRANDE PUISSANCE ÉCONOMIQUE

Ce que doit faire la Banque centrale européenne est
au cœur du projet économique, social et politique de
l'Europe. Il s'agit de faire que la zone euro naisse et se
développe en se renforçant, de façon à être puissante et
pacifique. La banque centrale doit permettre la crois-

119

sance et l'emploi sur longue période, dans un monde plus ouvert où de grandes « plaques économiques » naissent ou renaissent : Asie, États-Unis. On ne peut donc que souscrire à un tel programme, sauf qu'il doit s'adapter à une troupe (de pays) hétérogène et qui a une très longue histoire. On sait en effet que la théorie dite de la « zone monétaire optimale » demande qu'une série de conditions soit remplies, essentiellement que la concurrence puisse jouer entre les acteurs, de façon à ce que puisse toujours s'exprimer le mécontentement si les ajustements ne se produisent pas comme souhaité, ou que les acteurs soient assez mobiles de façon à ce que les ajustements aient effectivement lieu. Dans le cas de la zone euro, où le nombre d'acteurs est élevé, les tailles des pays et leurs histoires sont différentes, les comportements multiples et pas nécessairement alignés, on comprend les difficultés de l'opération. D'autant que les bénéfices ne sont pas les mêmes, en tout cas dans l'immédiat.

Objectif central :
STABILISER LES PRIX DANS LES ESPRITS

La Banque centrale européenne se donne un objectif majeur : la stabilité des prix. Il s'agit, plus précisément, que les variations des prix dans la zone s'établissent autour de 2 % sur une période de deux ans environ. Si les anticipations sont ainsi alignées, l'hypothèse sous-jacente est que les conditions de profitabilité vont peu à peu se rejoindre. En tenant compte de la productivité, les salaires vont alors, peu à peu aussi, évoluer de manière voisine, permettant aux entreprises de se développer mieux, dans un environnement qui deviendra ainsi plus stabilisé. Le jeu est normalement bénéfique pour qui comprend et applique les règles, risqué en cas contraire. En effet, si un pays a plus d'inflation qu'un autre et ne parvient pas à faire de gains de compétitivité suffisants, la profitabilité de ses entreprises baisse : les voilà moins compétitives que celles d'un autre pays de la zone qui va en profiter. Les taux de chômage vont alors monter dans le pays moins compétitif, des entreprises fermer ou se vendre, jusqu'à ce que les salaires se normalisent. Comme ce pays aura de moins en moins de croissance, il aura de plus en plus de déficit et de dette, avec des conditions de financement qui vont devenir plus difficiles. Pourra venir un moment où ce pays aura de vrais problèmes de financement : il aura franchi les seuils d'alerte du pacte de stabilité et de croissance (un déficit qui reste au-delà de 3 % du PIB, une dette publique qui dépasse 60 % du PIB). La banque centrale, alors, ne pourra pas l'aider, du fait du traité qui interdit toute monétisation des dettes publiques, et les autres États ne vont pas l'aider, sachant qu'il est « dit » qu'il ne peut faire faillite ! Comment sortir de cette nasse ? L'État du pays concerné est supposé « faire des efforts », répond-on doctement...

Ainsi, compte tenu des écarts de situation, la normalisation des anticipations autour de 2 % devrait pousser à des efforts de rationalisation, d'accroissement de taille, pour faire naître et développer des leaders de la zone, à l'instar de ce qui se passe dans les autres zones mondiales : États-Unis, Chine, Japon, Royaume-Uni... La culture de stabilité est une culture de croissance et d'allongement des horizons, sachant que la frayeur de la chute devait empêcher les écarts.

LE CONTENU DU RÔLE : CRÉDIBILITÉ ET *GRAVITAS*

Bien évidemment, faire penser plus de 420 millions de personnes de la même manière sur l'évolution des prix à moyen terme, autrement dit ancrer les anticipations, ne va pas de soi. Il faut des textes officiels dans lesquels la chose est dite, c'est le traité. Il faut des périodes longues où les pays ont été testés et se sont ajustés à cette discipline. Il faut surtout le poids de l'histoire. Et ce poids vient de l'Allemagne, modèle de sérieux et de constance dans l'effort, modèle très différent de ses voisins, où la dévaluation était la façon de corriger les dérapages de salaires et de compétitivité. La crédibilité allemande devait ainsi naître et se répandre dans la zone, chacun des membres dirigeants de la banque centrale la faisant sienne et ayant comme souci de la répandre, avec la *gravitas* qui sied. Le banquier central ne parle jamais à la légère. Ses discours sont écrits et publiés quand il les prononce. Ses réponses sont libres, mais toujours responsables : elles doivent entrer dans le contexte général de la politique de la banque, au risque autrement de créer en son sein des dissonances peu ou pas supportables.

Les médias et les marchés financiers veulent en permanence savoir comment la Banque centrale européenne analyse la situation et ce qu'elle entend faire. Il s'agit pour eux de prévoir, en tout cas de pressentir. Le fait de jouer sur les écarts de situation et d'interprétation, pour tenter de les élargir, est leur mode opératoire commun. C'est pourquoi la *gravitas* est de rigueur : pour s'imposer aux marchés financiers, pour se donner chaque fois le temps de la réflexion, pour adopter en toutes circonstances le ton qu'il faut.

Si la banque centrale
joue trop bien son rôle : parlons de la Fed...

C'est en effet le risque... si le premier rôle de la banque est tellement crédible qu'on ne vérifie pas, qu'on en rajoute à sa suite. Ainsi, quand le « plus grand rôle », la Fed, assure que nous entrons dans une « nouvelle ère » où la productivité va monter, c'est un appel à investir plus et à s'endetter davantage – puisque la rentabilité sera au rendez-vous. Jusqu'aux excès de toutes sortes. On aura reconnu Alan Greenspan dans ce rôle, un Alan Greenspan qui a séduit le monde avec ses discours et ses calculs, jusqu'à ce qu'on se rende compte qu'il avait conduit tout le monde à sous-estimer le risque. Le rôle de la banque centrale est de soutenir la croissance certes, mais sans trop augmenter le risque pris, jamais. C'est du *risk management* qu'elle doit développer, pour elle et pour tout le monde. Il faut donner confiance et être crédible, mais jamais trop.

Si le rôle de la Banque centrale européenne
se joue dans une pièce plus ample,
plus structurée en apparence,
plus complexe en réalité...

La mission, l'« objectif central » de la BCE, est la stabilité des prix, sachant qu'elle « contribue à » la stabilité financière. La banque est « responsable de » et « contribue à » : on voit ainsi, dans le cas de la BCE, les deux missions et leurs pondérations respectives. Cela est bien différent de la Fed aux États-Unis. La Fed est effectivement en charge de la stabilité des prix, qu'elle définit dorénavant exactement comme la BCE, jusqu'à 2 % à moyen terme. Mais elle ajoute, c'est dans sa mission, qu'elle entend maintenir l'emploi autant que possible et les taux longs aussi bas que possible. L'objectif central de la Fed est ainsi triple : prix/emploi/taux longs, selon des combinaisons que l'on peut supposer variables dans le temps. En outre, avec la crise actuelle, la Fed a remis en avant son autre objectif central, jugé tellement implicite qu'on n'en parlait pas : la stabilité financière, à côté de la stabilité monétaire. Cette stabilité financière, à son tour, se décompose en macrostabilité (assurer la qualité du système financier dans son ensemble) et microstabilité (surveiller les banques, les plus fragiles et bien sûr aussi les « systémiques »). Bien évidemment la BCE évolue selon cette même ligne et s'occupe de stabilité financière, mais elle veille à différencier ces deux stabilités pour ne pas être prise en conflit d'objectifs, alors que la Fed a décidé de les traiter sur un pied d'égalité (*equal footing*).

On le voit, le rôle de banquier central devient de plus en plus complexe : plus complexe en apparence pour la Fed, plus simple pour la BCE grâce à un système d'ordres et de séparations (stabilité monétaire/stabilité financière, macro et micro). Mais il n'est pas sûr du tout que cette « simplicité » se traduise dans la réalité, compte tenu du fait que le système de la zone euro est bien plus hétérogène – ce que sa crise révèle et accentue.

Si LE RÔLE DE LA BANQUE CENTRALE EUROPÉENNE
EST DOMINÉ PAR D'AUTRES QUI FONT,
OU LAISSENT FAIRE, DES BÊTISES,
OU SI ELLE-MÊME NE S'IMPOSE PAS...

Devant la crise, les responsabilités des grandes banques centrales sont engagées. On peut leur reprocher de n'avoir pas vu venir le danger, de ne pas avoir agi avec assez de vigueur, ou encore d'avoir laissé venir la crise – en calmant trop. Les réponses des banques centrales sont, en général, qu'il leur est très difficile de prévoir les bulles en temps réel et qu'il vaut mieux les faire exploser ensuite. Toutes vont alors présenter des « papiers » et faire des conférences alertant les marchés financiers des risques pris, notamment la BCE. Mais aucune mesure n'est prise par anticipation, même par la BCE.

C'est bien ce qui s'est passé avec la BCE par rapport à la Fed : elle a subi les effets de la politique américaine. Cela ne l'exonère pas de ses responsabilités, notamment d'un suivi insuffisant des systèmes bancaires grecs, espagnols, irlandais ou chypriotes, autrement dit des banques centrales de ces pays. La BCE a laissé ainsi se développer des bulles dans l'immobilier et n'a pas regardé d'assez près ce qui se passait dans de « petits pays », Chypre ou Slovénie par exemple, alors que les excès de crédit étaient patents. La crise nous apprend que rien n'est « petit ». La BCE doit réparer ses propres manques, plus les fautes d'ajustements des instances politiques en matière de dérive des comptes publics, pour laquelle elle ne pouvait que parler, plus les fautes de la Fed. La BCE a été dominée par la Fed et pas assez dominante par rapport aux banques centrales qui dépendaient d'elles.

SI LE RÔLE DE LA BANQUE CENTRALE EUROPÉENNE EST CONTRAINT PAR D'AUTRES QUI RÉPARENT LEURS PROPRES BÊTISES...

C'est à ce point que la situation se complique, puisque la BCE va hériter d'une situation plus complexe dans sa zone, avec un système de règles qui était prévu pour empêcher les crises (le pacte de stabilité et de croissance) mais qui, puisqu'il n'a pas marché, freine aussi les solutions. Par différence, la Fed, qui a un système plus souple et plus de responsabilités dans ce qui s'est passé, a bien plus de capacités pour réparer – ce qui contraint à ce moment-là la BCE. Ainsi, quand la crise se déclenche, la Fed utilise toutes ses capacités d'action, avec l'idée d'éviter une dérive déflationniste. Cette démarche lui permet de baisser les taux courts rapidement jusqu'à zéro, puis de refinancer les banques en utilisant divers moyens pour éviter que la crise soit explosive. Les choses se poursuivent avec le *quantitave easing*, quand la Fed achète des bons du Trésor puis des titres de financement de l'immobilier. Elle fait alors en sorte de faire fortement baisser les taux longs (de l'ordre de 100 points de base). On peut ajouter que si la Fed baisse ainsi toute sa courbe des taux, c'est sinon avec l'idée de faire baisser le dollar par rapport aux autres monnaies, du moins pour constater que la baisse du dollar soutient la croissance sans être inflationniste. Heureux hasard.

Ajoutons que lorsque la Fed, dans son rôle de protection de la stabilité du système bancaire américain, alerte sur les risques de transformation des banques non américaines, autrement dit européennes, elle se doute qu'elle va contraindre les banques européennes à réduire leur activité sur le territoire américain. Plus profondément même, en

126

demandant aux banques non américaines installées sur le sol américain de constituer des fonds propres et des liquidités de façon à être localement résilientes, elle sait le rôle qu'elle joue dans la concurrence interbancaire aux États-Unis, avec un risque de fragmentation du système mondial, sans compter les réactions des banques et des pays, réactions qui ne manquent pas de se produire. Dans ce cas, la Fed montre à quel point elle utilise la pleine panoplie de ses moyens pour aider au redémarrage de son économie. Son objectif majeur devient alors la baisse du chômage, puis le renforcement de son système financier, en demandant plus de fonds propres et de liquidités à toutes les banques installées sur le territoire, maisons mères ou filiales étrangères. Surtout, elle invente la *forward guidance* où elle donne des indications sur son « logiciel de prise de décision », de façon à piloter au mieux sa sortie des politiques non conventionnelles qu'elle mène. Implicitement, elle agit alors sur les autres banques centrales.

La BCE, dans un tel contexte, est évidemment moins bien armée que la Fed. Elle ne peut baisser les taux courts aussi fortement qu'elle. Elle ne peut s'engager autant qu'elle sur le fait qu'elle garderait ses taux courts bas longtemps. Mais elle *pre-commit* moins ses actions. C'est là qu'elle change sous l'influence de la Fed, pour piloter autant que possible les marchés et leurs anticipations. Il lui est surtout interdit d'acheter des titres sur le marché, au prétexte que ce serait un financement monétaire du Trésor, interdit par le traité, alors que c'est licite aux États-Unis. Elle va devoir se battre pour permettre un financement des banques et un renforcement de leurs marges. Elle leur avance de la liquidité (*long term refinancing operation* : LTRO), liquidité qui va se retrouver dans l'achat de titres publics nationaux. Ce moyen indirect implique évidemment une moindre diversification des risques bancaires des banques des divers pays de la zone euro et même une renationalisation des financements. Mais elle permet au moins de baisser les *spreads* sur les taux longs et de compenser durablement les marges bancaires. Mieux même, quand Mario Draghi annonce qu'il fera tout ce qu'il faut (*whatever it takes*) pour soutenir l'Espagne et l'Italie, en avance des outils disponibles, il joue sur les anticipations et donne un *put*, comme Greenspan et Bernanke l'ont fait – mais en tordant beaucoup de bras. Moralité, la BCE est bien seule dans son rôle.

SI LE RÔLE DE LA BANQUE CENTRALE EUROPÉENNE EST ÉCRIT TROP ÉTROIT, ET QU'ELLE VEUT DÉSORMAIS L'AGRANDIR : VERS L'UNION BANCAIRE...

Au fond, on peut toujours reprocher à la BCE de n'être pas la Fed, comme on peut reprocher à la zone euro de ne pas être les États-Unis. Avec le recul, on voit aussi à quel point l'ajustement demandé à ses membres, la Grèce par exemple, a été violent. Le FMI y a ses responsabilités, comme il le reconnaît (plus ou moins). Mais cela est bien la conséquence du système de règles de la zone euro, un système qui n'a pas empêché les dérives budgétaires mais a durement sanctionné, par la dévaluation salariale, les économies et les sociétés, lorsqu'il s'est agi de retourner à la norme souhaitée. La BCE n'arrive pas à éviter les erreurs, même si elle les voit. Elle est partenaire des ajustements violents, même si elle les atténue. Son rôle est donc ingrat et dissymétrique, et très critiqué comme on l'imagine.

Cela explique pourquoi la BCE essaie de renforcer aujourd'hui ses outils d'intervention. D'abord, dans une économie où le financement bancaire représente les deux tiers du financement d'ensemble (soit le symétrique du cas américain), elle comprend l'intérêt stratégique qu'elle a à gérer la stabilité macrofinancière, ce qui l'inquiétait tant auparavant. Maintenant, elle demande à ce que l'union bancaire avance vite. Elle veut connaître les banques systémiques, suivre les risques individuels et sectoriels, mettre en place les fonds de secours et les *living wills*. La BCE profite ainsi de la crise actuelle, au fond, pour se renforcer, au détriment des banques centrales nationales et de leurs systèmes de surveillance. C'est « humain », et c'est sans doute une bonne chose.

SI LE RÔLE DE LA BANQUE CENTRALE EUROPÉENNE FAIT FACE À DES DÉVALUATIONS IMPOSSIBLES, À CÔTÉ DE DÉVALUATIONS FISCALES PEU ENCOURAGÉES, PAR CRAINTE D'INFLATION, ET QUE RESTE LA DÉVALUATION SALARIALE...

Le rôle de la BCE peut devenir plus impopulaire encore. Outre ses erreurs, ses faiblesses et ses manques, dans un contexte très compliqué et limité où elle présente un bilan très positif, la BCE est dans un carcan qu'elle essaie d'élargir : le traité. Mais il la rend spectatrice d'ajustements socialement terribles, la dévaluation salariale, autrement dit la baisse des salaires qu'on voit notamment au Sud, tandis qu'elle ne peut trop fortement encourager la dévaluation fiscale, autrement dit le fait de hausser les taxes internes, la TVA et de baisser les impôts sur les sociétés – puisqu'elle est en charge de la stabilité des prix et qu'il y a risque de dérapage.

SI LE RÔLE DE LA BANQUE CENTRALE EUROPÉENNE EST SURVEILLÉ PAR UN JURISTE...

Nous avons là un nouveau problème, grave et permanent. Quand on compare la Fed et la BCE, on compare un outil économique, financier et juridique, la Fed, à un outil très juridique, la BCE, surveillée par les politiques et surtout par la Cour de Karlsruhe. Ses jugements en cours sur l'opération monétaire sur titres (OMT) pourront ainsi être décisifs sur la Buba et donc sur la BCE, quoi qu'elle dise – sauf si la Cour suprême allemande se déclare incompétente et renvoie à la Cour européenne. En attendant, la Cour suprême allemande surveille ce que fait la BCE et l'accepte, mais avec chaque fois plus de contraintes qui peuvent limiter et retarder ses interventions, et très souvent les freiner. Or une banque centrale doit être omniprésente et rapide, certes toujours dans le cadre de son mandat. Elle permet et incite, elle guide, elle corrige – et aujourd'hui elle doit éviter le pire.

Au fond, si la zone euro avait la banque centrale qu'elle méritait, elle serait morte, car elle n'aurait pas obtenu les efforts nécessaires de différents pays pour améliorer la zone euro. Nous avons donc beaucoup mieux. Ses limites et faiblesses mêmes l'ont servie, légitimant les enrichissements de son rôle, enrichissements qu'elle a obtenus dans l'acceptation largement majoritaire de ses efforts par les populations, qui ont été elles-mêmes durement éprouvées. Cela n'empêche pas les remarques, les critiques, les travaux à faire, ni bien sûr ses propres erreurs : qui aime bien châtie bien. La BCE est donc très aimée.

5

Vers la convergence fiscale

Alain Trannoy

Pour François Hollande, la crise de l'euro a été jugulée. Il est difficile de partager son optimisme et de considérer que l'on est revenu à une situation normale quand la France emprunte à des taux négatifs à court terme. Il a été plus inspiré en évoquant la piste de l'harmonisation fiscale au menu du futur gouvernement économique de la zone euro. La question fiscale a, en effet, été éludée et évacuée *de facto* du traité de Lisbonne, une fois inscrite au registre des questions requérant l'unanimité des pays membres. Elle est pourtant importante à trois titres. D'abord, sous l'angle de l'harmonisation, car elle permet essentiellement de limiter la concurrence fiscale sur les bases les plus mobiles. Ensuite, du point de vue d'une internalisation des effets externes au niveau européen, avec comme exemples emblématiques une taxe carbone ou un marché de droits à polluer accompagnée d'une taxe carbone aux frontières ou la taxe sur les transactions financières. Enfin, sous l'angle du fédéralisme fiscal où les pays riches ou en expansion reversent une partie de leur manne fiscale aux pays pauvres ou en récession, par exemple au travers d'un système de péréquation. Et, contrairement à certaines idées reçues, l'Europe ne part pas de zéro sur le terrain de la fiscalité. Il faut d'abord faire le bilan de l'existant, avant d'expliciter les raisons qui militent pour des avancées dans (au moins) deux des trois directions mentionnées et de faire des propositions concrètes de réformes.

L'EXISTANT

À divers titres, l'Europe s'est engagée a minima dans les trois directions mentionnées plus haut. L'harmonisation des taux de TVA obéit à des règles communes du fait de l'existence du marché unique. Les taux sont encadrés et tout changement de régime de TVA doit être approuvé à Bruxelles. La France en a fait l'expérience sous les présidences de Jacques Chirac puis de Nicolas Sarkozy lorsqu'ils ont voulu baisser le taux de TVA en vigueur dans la restauration. Le marché européen du carbone fonctionne tant bien que mal et fournit un exemple d'effet externe internalisé au niveau européen qui pourrait être remplacé par une taxe carbone appliquée aux secteurs industriels concernés. La taxe sur les transactions financières adoptée par onze pays européens, tous membres de la zone euro, fournit également un autre exemple, malgré l'existence d'incertitudes notables quant à sa mise en œuvre. Enfin, un embryon de fédéralisme fiscal européen existe, en raison des droits de douane perçus par l'Europe (15 % des recettes du budget européen) et du fait du reversement par chaque État d'une partie de ses recettes de TVA et du paiement d'une contribution assise sur son PIB. Quarante pour cent des recettes européennes sont affectés à des fonds structurels et de cohésion qui transfèrent des moyens vers des régions et des pays de moindre niveau de développement. Quatre des plus grands pays européens (l'Allemagne, la France, le Royaume-Uni et l'Italie) s'acquittent quand même de montants d'une valeur nette située entre 9 milliards d'euros (pour l'Allemagne) et 5 milliards (pour l'Italie). La Pologne en est le grand bénéficiaire, percevant 8 milliards d'euros, suivie par la Hongrie, la Grèce et l'Espagne. Il existe donc bien des éléments de coopération fiscale. En revanche, il est vrai que les propositions d'approfondissement sont extrêmement timides ; le débat sur le budget européen l'a montré, tous les pays créditeurs voulant réduire leur participation. Nous sommes clairement dans une position de dilemme du prisonnier. Collectivement l'Europe gagnerait à un approfondissement de la coopération fiscale, mais les principaux pays, dont la France, n'y voient pas forcément un grand intérêt, notamment à court terme.

LES AVANTAGES
D'UNE COOPÉRATION FISCALE RENFORCÉE

L'essentiel porte sur les questions d'harmonisation fiscale, de péréquation et de transferts interpays, car l'internalisation des effets externes, climatique et financier – une cause juste – demande à être traitée à une échelle mondiale.

Harmonisation fiscale

L'harmonisation fiscale demande à être définie avant d'être débattue. Il s'agit d'une harmonisation globale à l'exception des barèmes. L'exemple le plus éclairant vient de la Suisse qui la pratique à l'intérieur de ses frontières, entre les différents cantons. La loi d'harmonisation, entrée en vigueur au

1er janvier 2001, s'applique à l'assujettissement, à l'objet et à la période de calcul de l'impôt, à la procédure et au droit pénal en matière fiscale. Elle ne vise en aucun cas à uniformiser les barèmes d'imposition. Ainsi, la Constitution fédérale interdit-elle aux cantons d'octroyer des avantages fiscaux injustifiés, par exemple pour attirer de riches contribuables. De plus, le concordat signé par l'ensemble des cantons en 1963 les oblige à un échange d'informations qui permet de limiter la fraude fiscale de contribuables qui exerceraient une activité dans plusieurs cantons. Il faudrait demander à la Confédération suisse de suivre une règle de comportement kantienne : appliquer la même politique à l'extérieur et à l'intérieur de ses frontières ! Les avantages de l'harmonisation consistent à l'évidence à lutter contre l'optimisation fiscale qui permet la réduction d'impôts payés par les bases mobiles, essentiellement le capital, pour les ménages et les entreprises.

Il faut cependant se méfier d'une déduction hâtive concluant à la diminution de la concurrence fiscale par une harmonisation bien menée. Si la base est identique, la comparaison des taux est immédiate et l'arbitrage peut s'avérer plus défavorable pour les pays qui pratiquent les taux les plus élevés. L'harmonisation des bases conduit presque mécaniquement à l'adoption de taux voisins par les différents pays sous la pression de la concurrence. La France a certainement intérêt à l'harmonisation dans une première phase. La seconde risque de lui être plus défavorable, tant qu'elle dépense plus que ses voisins.

La concurrence en taux sur une base harmonisée peut rapidement conduire à une course au moins-disant si les pays adoptent un comportement non coopératif. C'est là qu'intervient le contenu des attributions du futur gouvernement économique européen. Si y figure la discussion des différents changements de taux pratiqués par chaque pays, on peut penser qu'il en résultera le choix d'un optimum fiscal pour l'ensemble européen. Les attributions du gouvernement économique européen doivent non seulement porter sur l'harmonisation des bases mais aussi sur la discussion des taux, sans exiger, à ce stade, qu'elle prenne un caractère contraignant. La concurrence en taux conduira à limiter la dépense publique par rapport à la situation actuelle et aboutira, pour le moins, à des efforts de gestion. Si les impôts rentrent trop facilement, les pouvoirs publics ne sont pas poussés à faire des efforts de productivité. Le secteur public a besoin d'une force de rappel. À cet égard, les études sur la concurrence fiscale entre cantons et municipalités helvétiques, si elles pointent une limitation des dépenses publiques en pourcentage du PIB, ne concluent pas à une diminution de la quantité ni de la qualité de services publics dont bénéficie la population. Par ailleurs, la redistribution n'est pas l'apanage du gouvernement fédéral mais revient également aux cantons. Le cas suisse infirme le résultat théorique énoncé par Wildasin selon lequel une redistribution au niveau subfédéral n'est pas viable à long terme. Ainsi, contrairement à l'intuition, l'harmonisation des bases et la discussion de taux libres au sein du gouvernement économique européen, n'empêcheraient pas certains pays dont la France de pratiquer une politique plus redistributive que d'autres. C'est un résultat empirique important car, a priori, la force de la concurrence fiscale (due à la mobilité) doit être plus importante entre cantons suisses qu'entre pays de la communauté européenne.

Le fédéralisme fiscal

Les unions monétaires qui ont survécu – et l'histoire européenne compte quelques cadavres (union monétaire latine, union monétaire scandinave) – ont toutes été assorties d'un fédéralisme fiscal. Soit certains impôts sont l'apanage de l'État fédéral, soit les États fédérés versent une quote-part du produit des impôts perçus à l'État fédéral. À charge pour celui-ci de reverser une partie des sommes engrangées aux différents États fédérés selon des modalités diverses : pur mécanisme de péréquation à l'œuvre au Canada, en Allemagne, en Suisse, concurrence entre les États fédérés aux États-Unis pour obtenir l'aide du gouvernement fédéral sur des projets ciblés. Dans le premier cas, les transferts budgétaires ont pour visée explicite de lutter contre les inégalités de richesse entre États fédérés mais aussi d'assurer une fonction de stabilisation macroéconomique. Les fonds structurels et les fonds de cohésion européens participent au premier objectif, tandis que le second n'est absolument pas pris en charge par la zone euro. La doctrine implicite de la zone euro, érigée en doctrine par l'Allemagne, est l'absorption d'un choc asymétrique par le pays lui-même, sans aucun *transfert* de la part de pays plus prospères ou n'ayant pas subi un tel choc. Certes, des prêts peuvent être consentis à un pays en difficulté financière au travers du mécanisme européen de stabilité (MES), l'équivalent, en quelque sorte, du FMI au niveau de la zone euro. Mais prêter n'est pas donner, et le prêt ne se transformera en transfert ex post que si le pays se trouve dans l'incapacité de rembourser. Aucun mécanisme de *solidarité* financière spécifique à la zone euro n'est prévu en cas de difficulté particulière d'un pays. Celui-ci renonce à sa souveraineté en matière de change et ne peut utiliser l'arme de la dévaluation. Il lui reste deux modes d'ajustement éminemment douloureux, la dévaluation salariale (qui comprime la demande des ménages) et l'émigration des jeunes (avec l'espoir d'un transfert d'argent vers le pays d'origine). Du sang et des larmes, avec comme résultat une baisse de 20 %

du PIB en Grèce et six années de récession, un taux de chômage de 27 %, l'Espagne prenant le même chemin, avec des possibilités de rebond qui apparaissent encore très aléatoires, surtout dans le premier pays. Les dangers de la déflation salariale sont connus depuis les années 1930, on peut même avancer que la *Théorie générale* de Keynes a été écrite pour lui tordre le cou. L'Allemagne l'a effectivement pratiquée avec succès, dans un contexte où le reste de l'Europe menait une politique laxiste, par suite de la baisse des taux d'intérêt sur les dettes souveraines qu'avait entraînée la création de l'euro dans les autres pays. L'Allemagne menait d'ailleurs une politique de déflation salariale en même temps qu'elle augmentait ses dépenses publiques, on oublie souvent de le lui rappeler ! La « réussite » de la politique de déflation salariale allemande du début des années 2000 est loin d'être transposable dans tous les contextes ! Certes, les peuples grec et espagnol ont jusqu'ici accepté la purge, non sans broncher. Des déterminants historiques et géopolitiques ont pour l'instant pris le dessus sur des éléments de rationalité économique pure. Dans le cas de la Grèce, la peur de se retrouver isolée, en cas de sortie de la zone euro, face à son grand voisin turc, alors que le conflit historique sur le contrôle de la mer Égée, bien qu'en sommeil, n'est pas véritablement réglé. Dans le cas de l'Espagne, c'est la peur du déclassement avec le souvenir encore vivace de quarante années de fascisme l'ayant coupée de l'Europe. Mais il semble illusoire de penser que ce mode de régulation d'un choc asymétrique soit viable sur le long terme. Tôt ou tard, un pays refusera la déflation salariale et sortira de la monnaie unique pour être en mesure de rebondir à la suite d'un choc asymétrique.

Certes, les montants en jeu pour établir un véritable fédéralisme fiscal comparable à celui qui prévaut en Suisse ou au Canada sont considérables : 14 % de recettes fiscales par rapport au PIB pour la Confédération suisse. Ils semblent même hors de portée, comparés au quelque 1 % du budget européen, que les pays membres se sont efforcés de réduire lors du dernier accord sur le budget correspondant à la période 2014-2020. Mais les 14 % de recettes fiscales financent également des dépenses fédérales, dépenses militaires et régaliennes ou routes fédérales par exemple. Il ne faut donc considérer que le budget consacré aux transferts entre États, et là, les montants en jeu en regard du PIB impressionnent moins.

Prenons l'exemple de la fédération canadienne. Les provinces gagnantes sont les provinces de l'ouest du Canada, Île-du-Prince-Édouard, Nouveau-Brunswick, Nouvelle-Écosse et, dans une moindre mesure, le Québec, alors que l'Ontario et surtout l'Alberta contribuent positivement au fonds de péréquation. Mais là n'est pas l'essentiel pour notre propos. Deux enseignements peuvent être tirés en faveur d'un fédéralisme fiscal à l'échelle de la zone euro.

D'une part, il est vrai que les flux nets de transfert en pourcentage du PIB sont effectivement plus considérables que ceux engagés en Europe. L'Allemagne, le principal pays contributeur de l'Union, a versé jusqu'à 0,5 % de son PIB net pour ne plus verser que 0,3 % pour la présente décennie, soit dix fois moins que l'Alberta en pourcentage du PIB. Mais l'équivalent de l'Alberta en Europe est la Norvège qui n'appartient pas à l'Union européenne et on la comprend ! La comparaison avec l'Ontario, le poumon industriel et financier du Canada, est plus appropriée, et l'Ontario verse environ 1 % de son PIB en transfert net à la fédération canadienne, soit seulement deux fois ce que l'Allemagne a versé dans la décennie 1990. La Grèce a reçu des transferts nets équivalents à 3 % de son PIB, soit la moitié de la fraction reçue en pourcentage du PIB par la Nouvelle-Écosse. Il suffirait que l'Europe double les montants dédiés à ces fonds structurels ou à son fonds de cohésion pour que les transferts nets atteignent en intensité ceux du Canada. La marche en termes quantitatifs n'est pas si haute à franchir.

D'autre part, et c'est le second message, le plus important, de l'exemple canadien, ces transferts fluctuent avec la plus ou moins bonne conjoncture en vigueur dans les différentes provinces canadiennes. La contribution nette de l'Alberta se creuse et triple en pourcentage du PIB à la faveur de la montée du pic pétrolier des années 2007 et 2008, qui a d'ailleurs précipité la crise économique. La formule de péréquation canadienne tient compte de la conjoncture différentielle des pays, alors que la formule de transfert en Europe ignore superbement cet aspect et de ce fait ne joue aucun rôle de stabilisateur macroéconomique, contrairement à la formule canadienne. Cette analyse nous mène à une formulation concrète qui permet tout à la fois de répondre aux deux défauts de calibrage des transferts fiscaux en vigueur en Europe.

LES PROPOSITIONS CONCRÈTES

Elles portent à la fois sur un embryon de fédéralisme fiscal et sur l'harmonisation.

Un embryon de fédéralisme fiscal autour d'une TVA sur les produits de luxe à 25 %

La proposition concerne la zone euro, mais elle peut être élargie à l'ensemble des pays européens qui envisagent d'adopter l'euro à terme. Le choix porte sur la TVA, qui est le seul impôt dont l'assiette soit déjà harmonisée à l'échelle de l'Europe. Cela élimine d'emblée nombre de difficultés et rend la proposition applicable sans délai. Un second argument est que la taxe sur la consommation est généralement considérée comme un bon impôt, du moins en termes d'efficacité économique. Chaque pays peut adopter au plus quatre taux de TVA, deux taux pour les produits de première nécessité, un taux intermédiaire (dit « taux parking » dans le jargon de la commission) et un taux normal. La proposition concerne la création d'un taux supplémentaire à 25 % sur les produits de luxe, le plafond des taux admissibles. La zone euro créerait un fonds de stabilisation macroéconomique alimenté par la différence de recettes entre le taux de 25 % et un seuil de 20 %, cela quel que soit le taux précédemment appliqué dans le pays sur ces produits. Les produits de luxe seraient ceux consommés en priorité par le dernier décile de chaque pays. La liste sera dressée à l'échelle de l'Europe. Viser la consommation de produits de luxe est intéressant dans une perspective de stabilisation macroéconomique dans la mesure où ce type de consommation est susceptible de varier assez fortement au cours du cycle économique. Par ailleurs, mettre à contribution les consommateurs les plus aisés (dont un certain nombre sont extérieurs à l'Union européenne) est également une manière de marquer que les bénéficiaires de l'Union, tout comme ceux de l'ouverture des échanges et de la mondialisation plus généralement, sont les personnes situées en haut de l'échelle des revenus. Qu'ils contribuent à la réussite de l'Union européenne n'est que justice. Une dimension de solidarité personnelle accompagne donc cette proposition de solidarité entre pays. Que représenterait la manne ainsi récoltée comme force de frappe pour aider un pays à sortir d'une récession qui l'atteindrait lui et pas les autres ? En se fondant sur les statistiques d'Eurostat, on obtient un fonds de 27 milliards d'euros, soit approximativement 0,3 % du PIB de la zone euro, qui peut être dirigé vers un pays en difficulté. Par rapport au PIB de la Grèce, cela représente une aide brute de 14 % du PIB dans le cas où la totalité du budget lui serait alloué, 2,7 % du PIB dans le cas de l'Espagne, ce qui reste très appréciable, et seulement 1 % du PIB Allemand. À peu de chose près, cela représente pratiquement à l'échelle de la zone euro un doublement des fonds structurels, mais uniquement ciblés sur un pays en difficulté conjoncturelle, quel que soit son niveau de richesse initial. Il ne s'agit pas de répliquer les fonds structurels, même s'il semble de bon aloi de privilégier l'emploi de sommes reçues dans les investissements d'avenir comme les infrastructures, la formation initiale et professionnelle, l'insertion des chômeurs et la R&D, de façon à ce que le pays récepteur améliore de façon permanente la performance de son économie. Il s'agit là d'un embryon de fédéralisme fiscal adapté selon nous à la vision minimale fédérale que semblent adopter aujourd'hui tant les peuples que les élites européennes.

Harmonisation de l'impôt sur les sociétés entre l'Allemagne, la France et le Benelux

Le chantier sur lequel il faut progresser est l'harmonisation de l'impôt sur les sociétés. On ne part pas de rien, là non plus. Le Groupe de travail sur une assiette commune consolidée pour l'impôt des sociétés (GT Accis) a déjà débouché sur une proposition de la Commission. Les travaux de cette dernière montrent qu'une harmonisation des bases de l'IS est techniquement réalisable et qu'elle peut aboutir à des gains en termes de simplification pour les entreprises. Cette proposition a été barrée par l'Irlande, montrant qu'il faut procéder autrement. Notre proposition est que l'Allemagne, les pays du Benelux et la France aillent de l'avant sur cette question. Chercher l'adhésion de l'Allemagne n'est pas suffisant, vu la très grande imbrication économique des pays du Benelux avec la France et l'Allemagne et la position accommodante des Pays-Bas et du Luxembourg s'agissant des holdings. Il faut les associer d'emblée sur cette question et faire comprendre au Luxembourg (en petit comité) que l'opportunisme du petit par rapport aux grands a ses limites. Une fois acquis un accord à cinq, il fera tache d'huile et associera les autres pays, comme l'ont fait les accords de Schengen, qui est une commune du Luxembourg !

Ces deux propositions peuvent paraître minimales dans le dessein de doter la zone euro d'un volet fiscal. Si elles semblent inatteignables politiquement, il faut se montrer pessimiste sur la survie de celle-ci dans un terme plus ou moins rapproché.

6

Les ressorts
d'une démographie dynamique

Hervé Le Bras

Il est difficile d'agir sur la démographie d'un pays, car elle dépend des mœurs plus que des lois. Or réformer les mœurs n'est pas une mince affaire. Dans son *Esprit des lois*, Montesquieu notait : « Nous avons dit que les lois étaient des institutions particulières et précises du législateur ; et les mœurs et les manières, des institutions de la nation en général. De là, il suit que, lorsqu'on veut changer les mœurs et les manières, il ne faut pas les changer par des lois [...], il vaut mieux les changer par d'autres mœurs et d'autres manières » (livre XIX, chapitre XIV). On ne peut donc attendre un succès de mesures démographiques que si les lois accompagnent le mouvement des mœurs. Une illustration peut être donnée avec les politiques d'encouragement à la natalité menées en Europe et plus particulièrement en France.

143

POLITIQUES DE LA NATALITÉ

Même si de telles politiques ont existé dès l'Empire romain (lois Julia et Poppea réglementant les mariages et les héritages des patriciens), elles ont sans doute connu leur plus longue carrière en France. La faible fécondité de la population française fut en effet considérée comme la principale responsable de la défaite de 1870. Dans les années qui suivirent, l'écart entre la fécondité française et celle de ses voisins, en particulier l'Allemagne, s'accrut encore. Deux années de suite, en 1893 et 1894, le nombre des décès dépassa même celui des naissances. De nombreuses sociétés d'encouragement à la natalité virent alors le jour, dont la plus célèbre, l'Alliance nationale pour l'accroissement de la population française, fut créée par Jacques Bertillon en 1896 avec Émile Zola dans son conseil – le natalisme était professé autant à droite qu'à gauche. Les propagandistes de la contraception, on parlait de néomalthusiens, situés dans la mouvance anarchiste et eugéniste, tels Paul Robin et Jeanne Humbert, furent bâillonnés et même menacés de lourdes peines après le vote de la loi de 1920. Le résultat de cette agitation fut absolument nul. La fécondité de la France poursuivit imperturbablement son déclin avant 1914, comme après 1920, une fois retombées les turbulences de la guerre.

Durant l'entre-deux-guerres, la fécondité continua à diminuer malgré les campagnes natalistes incitant les femmes à rester au foyer. Le raisonnement des propagandistes de la famille, en particulier Fernand Boverat, l'inamovible président de l'Alliance et l'auteur de *La Race blanche en danger de mort*, était simple : puisque les femmes au foyer ont en moyenne plus d'enfants que les femmes en activité, en diminuant l'activité féminine, on augmentera la fécondité. Cependant, au même moment, deux éléments modifièrent l'image traditionnelle de la famille : le succès de la psychologie de Wallon recommandant de socialiser rapidement les enfants avec des camarades de leur âge, donc d'ouvrir des crèches et écoles maternelles qui déchargent la mère, non seulement de la présence de l'enfant mais aussi d'une part de son rôle psychologique et, second élément, une critique virulente de l'enfant unique.

À la Libération, ces deux éléments vont jouer un rôle important permettant au « baby-boom » de se prolonger jusqu'en 1965. Les familles sans enfants ou à enfant unique vont se raréfier au profit des familles de deux et trois enfants, les familles nombreuses continuant de perdre du terrain. Selon le dogme psychologique de Wallon, les femmes ne sont plus obligées de vouer une attention exclusive et continue à un seul enfant qui, de plus, sera malheureux s'il est unique. Nous ne portons aucun jugement de fond, nous cherchons à comprendre comment les mœurs évoluent. De leur côté, les natalistes demeurent figés dans leur défense de la femme au foyer. Ils croient naïvement avoir trouvé la recette magique de la haute fécondité qu'ils observent après tant d'années de faiblesse : allocations familiales + femmes au foyer. Un coup d'œil aux pays de même niveau économique leur aurait montré que le baby-boom fut aussi important sinon plus dans les pays qui n'avaient adopté aucune législation familiale.

Le monde, y compris la France, évoluait autrement que ne l'imaginaient les natalistes. D'abord, les associations féministes, qui avaient mis en veilleuse le thème de la libre maternité pour se concentrer sur le droit de vote, purent à nouveau militer pour la contraception, et surtout l'abrogation de la loi de 1920 après l'adoption de la loi de 1946 permettant aux femmes de voter. Animé par l'infatigable doctoresse Marie-Andrée Lagroua-Weill-Hallé, le planning familial gagna du terrain. Le thème des enfants non désirés et des dangers courus lors des avortements clandestins monta en puissance et en popularité.

Au milieu des années 1960, deux des digues érigées par le natalisme cédèrent : la loi Neuwirth autorisa la contraception et l'activité féminine augmenta assez rapidement. De 3 enfants par femme en 1964, l'indice de fécondité descend à 1,8 en 1975. Les moyens modernes de contraception ont permis d'éviter les naissances non désirées, mais la plus forte activité des femmes vient-elle en concurrence avec la fécondité ? C'est l'opinion dominante, partagée par les démographes les plus en vue : Alfred Sauvy, qui participe en 1978 à l'ouvrage collectif *La France ridée,* et Gérard Calot, directeur de l'Ined, qui contribue au volume du Club de l'Horloge intitulé *Le Défi démographique.* Le Conseil de la population et son vice-président, Roger Burnel, qui est aussi à la tête de l'Union nationale des associations familiales (Unaf), plaident à nouveau pour des mesures en faveur de la femme au foyer. En fait, une fois les naissances non désirées résorbées, pour la plupart grâce à la contraception, la baisse de fécondité au-dessous de 2 enfants par femme résulte d'une erreur d'interprétation de l'indice de fécondité. Ce dernier est très sensible à un changement de l'âge des mères à la naissance de leurs enfants. Or, avec la montée du chômage dès la fin 1973, les couples retardent la conception de leurs enfants, car leur entrée dans la vie active est elle-même ralentie. Ce mécanisme, dont Roger Schofield et Anthony Wrigley ont montré la présence dès le XVIIe siècle en Angleterre et qui a été théorisé par Malthus sous le terme de « contrainte morale », est une nouvelle fois à l'œuvre. Entraver l'entrée en activité des femmes revient à accroître le retard avec le risque d'un abandon de certains projets d'enfants. Loin de favoriser la natalité, la politique nataliste de la femme au foyer risque de la décourager. Les mœurs ont changé. Désormais, avec une plus grande liberté et une éducation plus poussée, les femmes françaises aspirent massivement à entrer dans la vie active.

Après des débats houleux sur la signification des indices de fécondité et constatant que l'indice conjoncturel de fécondité reste à son faible niveau malgré l'attribution de congés maternels et autres mesures, le gouvernement et l'opinion comprennent au début des années 1990 qu'il ne faut plus opposer natalité et activité mais qu'il faut les conjuguer. Apparaît alors le slogan toujours en vigueur de la conciliation de la vie familiale et de l'activité fémi-nine, autrement dit faciliter la vie familiale des femmes qui exercent une activité. On peut critiquer ce slogan en cela qu'il impose à la femme une double journée, car les hommes ont peu modifié leur participation aux tâches familiales, mais on doit constater qu'il a bien répondu à la double aspiration d'un emploi et d'une famille. Le retard de la constitution de la famille a lentement diminué puis s'est stabilisé dans les premières années 2000, permettant à l'indice de fécondité de retrouver le niveau de 2 enfants en moyenne par femme, niveau qui correspond à l'in-dice longitudinal de la descendance finale, c'est-à-dire au nombre moyen d'enfants qu'ont eus les femmes au cours de leur vie féconde. Contrarier l'évolution des mœurs s'était soldé par un siècle d'inefficacité des politiques démographiques. Accompagner leur évolution aboutissait au contraire au résultat souhaité.

LA FÉCONDITÉ DANS L'UNION EUROPÉENNE

Histoire particulière à la France ? Non, justement. Tous les pays comparables ont été confrontés aux mêmes tendances d'évolution de la famille et de l'emploi, mais ils ont réagi très différemment selon leurs mœurs et leurs législations. On s'en rend compte en comparant la fécondité actuelle des vingt-sept pays de l'Union européenne à la lumière des deux critères qui ont joué un rôle majeur dans le cas français, le taux d'activité des femmes de 25 à 55 ans et l'âge moyen à la maternité.

On voit aussitôt une relation émerger entre ces trois variables que sont fécondité, activité et âge à la maternité : la fécondité est forte uniquement là où l'âge à la maternité est élevé et où l'activité féminine est importante. Constat particulièrement paradoxal puisque, selon le principe malthusien, la fécondité est d'autant plus faible que les femmes constituent tardivement leur descendance et que, d'autre part, le taux d'activité dans chaque pays diminue rapidement avec le nombre d'enfants. Les pays où la fécondité est la plus tardive et l'activité des femmes la plus élevée devraient avoir la fécondité la plus faible. C'est exactement le contraire.

La longue histoire des encouragements à la fécondité française permet de comprendre le paradoxe. Les pays de l'ancien bloc communiste d'abord : ils avaient conservé jusqu'à la chute du mur de Berlin une fécondité jeune, l'âge moyen des femmes à leur première maternité était demeuré autour de 23 ans alors qu'en Europe de l'Ouest et du Sud il dépassait 28 ans. En effectuant leur transition vers l'économie de marché, ces pays ont aussi adopté le cycle de vie de l'Ouest, donc une fécondité tardive. Les

couples ont alors retardé les naissances, ce qui mécaniquement diminue l'indice de fécondité. Quant aux pays d'Europe centrale, un peu plus avancés dans ce processus, ils
ont, eux, une fécondité un peu plus élevée. Pour les âges
moyens à la maternité les plus élevés, on trouve d'abord
les pays méditerranéens avec la plus faible participation
des femmes à l'activité, puis, en deux groupes avec des
fécondités les plus élevées – en Europe –, les pays nordiques où l'activité des femmes se rapproche de celle des
hommes et les pays d'Europe du Nord-Ouest où l'activité
est élevée. Une seule exception, mais de taille, est l'Allemagne, sur laquelle nous allons revenir.

Ces différentes positions s'expliquent facilement en référence au parcours de la France. Dans les pays nordiques,
vie familiale et vie professionnelle sont menées de pair, car
les différences entre la situation des hommes et celle des
femmes sont devenues minimes. En Angleterre, la nette
coupure entre générations, traditionnelle depuis la fin du
Moyen Âge, oblige les jeunes à quitter précocement le foyer
parental et à se débrouiller rapidement dans la vie, donc
à travailler, qu'ils soient garçons ou filles. Au contraire,
dans les pays du Sud, où la pression familiale épaulée par
la pression religieuse est forte, les jeunes demeurent longtemps au foyer parental. Dans une grande majorité des cas,
ils doivent leur premier emploi au réseau familial et non
au marché et à l'école ou l'université comme c'est le cas
plus au nord. Une jeune fille qui a un premier enfant avant
d'avoir trouvé un emploi ne sera pas aidée pour en obtenir
un et le sait. Les jeunes Grecques, Italiennes ou Espagnoles
remettent donc à plus tard la constitution de leur famille
et y renoncent de plus en plus souvent, particulièrement si
leur niveau d'études est élevé.

SONDERWEG ALLEMAND

L'Allemagne est proche de la France tant en termes de taux d'activité des femmes que d'âge moyen à la maternité. Pourtant, la fécondité y est beaucoup plus faible : 1,4 enfant par femme en moyenne contre 2 en France. L'explication de l'évolution française s'applique cependant : l'Allemagne se comporte comme une France qui n'aurait connu ni la psychologie de Wallon ni le stigmate de l'enfant unique. Outre-Rhin, l'accent est mis traditionnellement sur la qualité de la relation entre la mère et son jeune enfant. Une mère qui reprend rapidement son activité après la naissance est affublée du sobriquet de *Rabenmutter*, mère-corbeau. Dès le gouvernement Schröder, des mesures ont été prises pour élever la natalité, mais elles ont touché le domaine économique non celui des mœurs. Pire, les crédits alloués à la construction de crèches et d'écoles maternelles n'ont souvent pas été utilisés par les Länder, pour diverses raisons qui masquent la principale, la crainte de paraître mettre en cause le sacro-saint lien entre la mère et l'enfant. On peut donner une illustration remarquable de ce blocage en analysant l'évolution des indices de fécondité français et allemands depuis quarante ans. Quelles qu'aient été les politiques adoptées des deux côtés du Rhin, l'écart entre les deux indices est resté constant, car la différence des mœurs en matière de maternité et de petite enfance n'a pas varié.

L'histoire donne raison à Montesquieu. Les lois ne peuvent pas aller à l'encontre des mœurs. Si l'on veut prendre des mesures démographiques efficaces, il faut changer les mœurs. Tâche peu habituelle pour l'économiste dont les raisonnements à plus court terme ne peuvent attendre deux générations pour qu'une politique devienne efficace. Reste la solution de capter l'évolution des mœurs et d'en accélérer le rythme. Un bon exemple a été donné par la politique de l'enfant unique lancée par Deng Xiaoping en 1978. Ce n'est pas elle qui a fait baisser la fécondité en Chine. Entre 1950 et 1978, l'indice de fécondité était descendu de 6,5 enfants par femme à 2,8. La tendance était donc évidente. Il suffisait de la prendre en charge pour l'accélérer, ce qui a été fort habilement fait. À la même époque, les campagnes de stérilisation en Inde patronnées par Sanjay Gandhi, fils de la Première ministre Indira Gandhi, se sont soldées par un échec, la mort de Sanjay dans un curieux accident d'avion et la perte du pouvoir pour Indira : la famille Gandhi avait tenté d'aller à l'encontre des mœurs familiales de l'époque.

Peut-on tirer une indication pour l'avenir de l'Europe de ces remarques sur la longue histoire de la fécondité française et sur celle, plus courte, des politiques de population en Asie ? Peut-on parier que la fécondité française se maintiendra à son niveau actuel, en tête des pays de l'Union européenne ? Plusieurs indices permettent de le croire : alors même qu'en 1946 et en 1974 on y avait observé une hausse, puis une baisse des indices de fécondité, la crise de 2008 ne laisse pas de trace visible en France, pas plus d'ailleurs qu'en Allemagne, dans l'évolution mensuelle des naissances, donc dans celle de la fécondité. Au contraire, aussi bien en 1946, au début du baby-boom, qu'en 1974, après le choc pétrolier, les indices de fécondité ont accusé le coup, à la hausse à la Libération, à la baisse en 1974 à cause du retard pris dans la constitution des familles.

L'Allemagne comme la France semblent croire au maintien de leur fécondité, haute pour la France, basse pour l'Allemagne. En France, on ne craint plus de remettre en cause l'universalité des allocations familiales ni le plafond du quotient familial qui faisaient partie du dispositif nataliste. En Allemagne, devant l'échec de la politique de la natalité menée depuis le gouvernement Schröder, on s'y résigne et l'on a trouvé une parade en facilitant une immigration ayant un haut niveau d'éducation. En effet, accueillir un immigrant âgé de 25 ans revient au même du point de vue du vieillissement de la population qu'avoir disposé d'une naissance de plus, vingt-cinq ans auparavant. En outre, les coûts d'entretien et d'éducation durant ces vingt-cinq ans, avant que l'immigré devienne productif, ne sont pas assumés par l'Allemagne. Pour donner une idée de l'impact démographique de l'immigration, un solde annuel positif de 210 000 personnes, peu ou prou celui de l'Allemagne, comparé aux 700 000 naissances annuelles dans ce pays, est équivalent à une hausse de l'indice de fécondité de 1,4 à 1,82. Inversement, l'émigration des jeunes Français, qui serait de l'ordre de 50 000 par an, revient à une baisse de la fécondité de 2,0 à 1,88. En d'autres termes, le vieillissement de la population sera (et est déjà) le même dans les deux pays.

Cela dit, les évolutions démographiques ont un caractère remarquable. Régulières pendant quelques décennies, elles accusent subitement un retournement de tendance. De telles inversions ont été observées lors du baby-boom, avec la hausse de l'âge moyen au premier mariage et à la première maternité dès 1974, avec la proportion de naissances hors mariage, stable depuis plus d'un siècle autour de 7 % qui grimpe à partir de 1975 et concerne aujourd'hui 55 % des naissances, avec la hausse de l'espérance de vie des personnes âgées qui démarre brusquement au milieu des années 1970. Aucun de ces retournements n'avait été prévu, et certains restent mystérieux malgré l'explication générale que l'on en a donnée après coup.

De nouveaux retournements ne sont donc pas exclus, mais leur date est imprévisible. La fécondité de l'Iran était de 6,5 enfants par femme jusqu'en 1985. L'arrivée de Khomeyni au pouvoir en 1978 n'avait rien changé. Brusquement, à partir de 1985, la baisse commence. En 2005, le seuil de 2 enfants par femme est atteint et, selon les statistiques les plus récentes, l'indice serait à 1,65. Aucune explication convaincante de cette transition brutale n'a encore été trouvée, même si les raisons de la baisse existaient, y compris avant 1985.

7

Plaidoyer pour la défense de l'industrie

Thierry Weil et Pierre-Noël Giraud

La crise a sonné le glas du mythe d'une société post-industrielle prospère. Les pays qui ont conservé une base industrielle compétitive s'en sortent beaucoup mieux. Les services ne représentent en effet que 20 % du commerce mondial, et cette part est stable depuis dix ans. En France, pourtant très bien placée en ce domaine en Europe, le solde de la balance touristique (5 milliards d'euros) paie à peine le dixième de la facture énergétique. L'Europe, qui importe l'essentiel de l'énergie et des matières premières qu'elle consomme, ne peut avoir une balance commerciale équilibrée avec le reste du monde que si elle produit et exporte suffisamment de biens manufacturés.

Globalement, l'industrie européenne est encore compétitive. En 2011, malgré le fort renchérissement de l'énergie importée, le déficit commercial de l'Europe reste faible et ne représente que 0,5 % de son PIB. C'est notamment parce que les pays en croissance rapide ont besoin de biens d'équipement sophistiqués, comme ceux que fabrique l'Allemagne.

155

Cette situation globale satisfaisante est toutefois fragilisée par la divergence entre une Europe du Nord, qui a su maintenir sa base industrielle et un fort excédent commercial, et une Europe du Sud en détresse. L'industrie des pays d'Europe du Sud est soit trop peu développée, soit ne fabrique pas des produits suffisamment différenciés (par rapport à ceux des nouveaux pays industrialisés) pour justifier un prix de vente assez élevé pour couvrir ses coûts. Ces pays ne peuvent ni dévaluer, du fait de la monnaie unique, ni s'endetter indéfiniment. Soit ils retrouvent assez rapidement le chemin d'une balance commerciale équilibrée en reconstruisant une industrie compétitive, soit ils vivent durablement de transferts des pays mieux portant, soit l'Europe – au moins l'union monétaire – explose.

Les autres chapitres de ce livre montrent clairement pourquoi l'Europe a intérêt à rester unie. Même les pays comme l'Allemagne, qui portent aujourd'hui une lourde part du coût de cette union, en devant aider des pays en crise, ont intérêt à long terme à la construction d'une Union européenne harmonieuse. Certes, il a été « moralement » plus satisfaisant pour eux de porter le coût très lourd de l'unification avec les Länder de l'Est sortant du joug soviétique que d'aider aujourd'hui des « pays du Club Med » victimes de leur imprévoyance et d'une bulle économique et financière.

CRÉER LES CONDITIONS
D'UNE CONVERGENCE D'INTÉRÊTS MANIFESTE

À court terme, les pays européens semblent avoir des intérêts opposés. Un euro fort, par exemple, n'est pas un problème pour l'Allemagne : il lui permet d'importer dans de meilleures conditions certains composants, ses matières premières et son énergie, tandis que la qualité et l'image de ses produits lui permettent de maintenir leur prix de vente en euros. Au contraire, un euro trop fort handicape la France, souvent positionnée sur le milieu de gamme et dont la clientèle est sensible au prix. Comment surmonter ces divergences ?

Les pays moins compétitifs doivent monter en gamme

La première condition pour la mise en place d'une politique européenne commune est que les pays en déclin industriel comme la France « balaient devant leur porte » et se mettent sur une trajectoire de convergence. Pour que la fourmi allemande aide son voisin français, celui-ci doit lui apparaître non comme une cigale, mais comme une fourmi en puissance, dont la prospérité lui sera utile.

Dans le cas de la France, le diagnostic des faiblesses industrielles structurelles et les prescriptions relatives aux moyens de les surmonter ont été présentés récemment par le rapport Gallois. La plupart de nos faiblesses viennent d'un manque de confiance entre les nombreuses parties prenantes. Les efforts à fournir concernent notamment les relations sociales, la gouvernance et le financement des entreprises, plus de solidarité et de relations entre les acteurs pour développer des synergies au sein des territoires et des filières, une simplification des rapports aux administrations. Les recommandations portent aussi sur la formation initiale et continue, une fiscalité favorable aux entreprises, lisible et stable, un financement des transferts sociaux qui pèse moins sur le travail. Tout cela au service d'une indispensable « montée en gamme » permettant aux entreprises françaises de reconstituer leurs marges et de retrouver une compétitivité comparable à celle des meilleures européennes.

Les pays prospères ne le resteront pas au cœur d'un désert industriel

Quant aux pays européens prospères, ils ont intérêt à ce que leurs voisins ne soient pas désindustrialisés. Car si l'Europe du Nord, avec son *hinterland*, l'Europe de l'Est, se spécialise seule dans l'industrie et les services associés, que lui vendront alors les pays d'Europe du Sud ? Du tourisme ? De l'huile d'olive et du vin ? Une politique industrielle stratégique européenne qui favoriserait une meilleure répartition de l'industrie en Europe permettrait la convergence des économies nécessaire à une construction européenne harmonieuse. Une usine à peine moins rentable dans un pays « périphérique » coûte moins cher à la compétitivité européenne que les transferts récurrents qui résulteraient d'un développement durablement inégalitaire du territoire.

Lâcher l'Europe du Sud ne serait pas un choix avisé, car les pays d'Europe du Nord ne pourront pas toujours compter sur la demande des pays émergents. Ils ont besoin d'un marché européen large et bien portant. Au point que le Cercle des économistes, dans les conclusions de ses Rencontres Économiques d'Aix-en-Provence de 2012, considère qu'il est dans leur intérêt que les fonds structurels européens soient utilisés pour alléger les charges sur le travail dans ces pays et y créer une dévaluation fiscale de fait. Une mesure moins radicale serait que la Banque européenne d'investissement (BEI) finance plus de projets présentant de bonnes perspectives de rentabilité dans les pays européens où la situation économique rend l'accès au crédit difficile et coûteux, particulièrement pour les projets industriels que les banques de ces pays ne savent pas toujours bien analyser. Comme le rappelle encore le Cercle des économistes « l'endettement n'est pas un mal en soi s'il permet de financer le risque industriel à long terme ». Mais, au-delà de cet appui financier à la réindustrialisation, faut-il construire une politique industrielle européenne ?

UNE POLITIQUE INDUSTRIELLE EST-ELLE LÉGITIME ?

La « politique industrielle » a longtemps été considérée comme une pratique dépassée de pays semi-planifiés. Beaucoup considéraient que, dans une économie « moderne », toute intrusion de l'État dans le fonctionnement naturel du marché entraînait plus de dégâts que de bénéfices. Ils refusaient l'idée d'une politique industrielle comme d'une régulation financière. Les immenses dégâts de la dernière crise les ont rendus plus discrets. Les États n'ont pu faire autrement que de s'endetter lourdement pour voler au secours des banques, celles qui justement contestaient leur légitimité à encadrer leur activité, et pour maintenir leurs dépenses dans une situation d'effondrement de la demande privée. Le scandale de la manipulation du Libor a confirmé le caractère illusoire de l'autorégulation.

D'autres considéraient plus subtilement que, si les nombreuses imperfections des marchés et le besoin d'accompagnement des mutations industrielles justifiaient une action publique, la difficulté de définir des politiques industrielles sectorielles pertinentes, de les mettre en œuvre avec efficience et le risque que l'asymétrie d'information provoque une capture des politiques publiques par certains intérêts privés ou catégoriels devaient conduire à la plus grande prudence. Ces derniers, il faut le reconnaître, n'ont pas toujours eu tort. Ainsi les efforts européens en faveur du développement de l'énergie solaire, en rendant solvable la demande sans se préoccuper des conditions de l'offre, ont conduit à la faillite des industriels européens au profit de leurs concurrents chinois.

Presque tous, enfin, prétendaient que de telles politiques étaient anachroniques et en voie de disparition rapide partout dans le monde. L'observation de la Chine ou des États-Unis, qui n'hésitent pas à afficher des actions très volontaristes en faveur de leur industrie, montre qu'il n'en est rien. Barack Obama a volé au secours de General Motors en faillite virtuelle et l'Amérique peut lui en être reconnaissante.

La question ne se pose donc plus de la légitimité d'une politique en faveur de l'industrie, mais de sa définition, des conditions de son efficacité, de ce qui doit être entrepris au niveau de l'Europe ou laissé aux États membres. Pour y voir plus clair dans ce domaine, il convient de distinguer les mesures « internes » à l'Europe et ce qui relève de négociations internationales.

Une politique interne favorable à l'industrie

Au-delà du financement des projets industriels par la BEI, l'Union européenne ou les États membres peuvent également agir au niveau de la régulation de la concurrence, de la protection du consommateur, de la fiscalité, de l'investissement dans un système d'éducation, de recherche et d'innovation efficace. Nous ne discuterons pas ici de l'opportunité de politiques sectorielles conduites au niveau européen, bien qu'un tel débat mériterait d'être engagé.

1. Mieux réguler la concurrence

La régulation de la concurrence par la Commission européenne, très soucieuse d'éviter les positions dominantes auxquelles peuvent conduire les concentrations industrielles, a souvent empêché le développement de champions régionaux. On peut se demander si la construction d'un fleuron européen comme Airbus serait possible aujourd'hui, compte tenu des évolutions de la jurisprudence. Dans certains cas, cependant, l'impératif d'ouverture à la concurrence au nom de l'intérêt du consommateur a créé des conditions défavorables à ce dernier ou à l'intérêt collectif. Il n'est pas certain que le consommateur français ait gagné à ce qu'EDF ne puisse plus optimiser globalement la production, le transport et la distribution d'électricité. De même, obliger la SNCF à louer (comme ses concurrents) le réseau des voies ferrées à un prix qui en traduise le coût, tandis que les camionneurs ne paient qu'une part minime des coûts de développement et d'entretien du réseau routier, crée une situation écologiquement aberrante dans laquelle le fret par rail n'est pas compétitif par rapport à des solutions qui émettent beaucoup plus de gaz à effet de serre mais sont subventionnées *de facto*.

Le dogme de la concurrence illimitée doit donc être parfois mis en balance avec l'optimisation économique globale, le contrôle des nuisances environnementales et la création d'entreprises de taille suffisante pour lutter avec des concurrents mondialisés.

2. Promouvoir l'étiquetage environnemental et social des produits

Garantir le libre choix et la bonne information du consommateur européen est un objectif difficilement contestable. On peut imaginer que l'étiquetage des produits soit plus explicite sur leur contenu et leurs conditions de fabrication. Chaque consommateur pourra alors faire des arbitrages informés entre son souhait d'avoir des garanties que le produit qu'il achète est conforme à certains standards exigeants – en général déjà respectés ou imposés dans les États membres européens – et l'achat de produits moins coûteux. Cette mesure, comme les précédentes, relève essentiellement de la législation et de la réglementation européennes. Celles qui suivent dépendent plutôt des décisions des États membres, mais doivent faire l'objet de concertation pour permettre une nécessaire cohérence.

3. Taxer les externalités consommées plutôt que produites

Aujourd'hui, les États européens tentent de réduire les émissions de CO_2 de leurs industriels par des taxes sur le carbone ou des échanges de droits d'émission, selon les secteurs et les pays. On crée alors une distorsion de concurrence en faveur des pays non européens où ces mêmes productions ne sont pas taxées et qui utilisent parfois des procédés beaucoup plus polluants ou émetteurs de CO_2. Une solution, prônée notamment par Jean-Marc Jancovici, serait de taxer la consommation (et non la production) d'un produit, en évaluant les émissions auxquelles sa production donne lieu avec les procédés en usage les moins respectueux de l'environnement. Les taxes pourraient être réduites lorsque le producteur prouve que le procédé qu'il utilise est moins émetteur de CO_2 que celui du scénario de référence. Un tel schéma ne provoquerait aucune distorsion de concurrence liée à l'origine du produit, car à pollution égale les produits seraient taxés de manière égale. Il incite les industriels locaux ou lointains aux mêmes efforts. Bien sûr, lorsque les normes de production locales sont plus exigeantes, les industriels locaux peuvent d'emblée bénéficier de la détaxation partielle à laquelle les performances des procédés qu'ils utilisent leur donnent droit. On pourrait même décider d'affecter une partie de ces taxes au financement efficace du transfert de technologies propres et à leur mise en œuvre dans le monde émergent, écartant ainsi toute accusation de protectionnisme égoïste.

On pourrait imaginer aussi que, sur le modèle de ce bonus écologique, des détaxations soient accordées aux producteurs pouvant garantir le respect de standards sociaux supérieurs aux normes minimales du Bureau international du travail (par exemple en matière de couverture médicale ou de prévention des accidents du travail et maladies professionnelles).

Ainsi les pays européens – ou une partie significative d'entre eux en cas d'absence de consensus – pourraient contribuer de manière volontariste à la transition écologique et au développement social, sans pénaliser leur industrie et avec plus d'efficacité que dans le système actuel qui consiste seulement à « salir et exploiter ailleurs ».

4. Imposer les bénéficiaires des richesses produites par l'entreprise plutôt que l'entreprise elle-même
Des pays comme la Suède ont considérablement allégé la fiscalité des entreprises et décidé de financer leurs dépenses publiques grâce aux impôts sur les revenus, sur la consommation et sur les émissions de gaz à effet de serre.

Les profits d'une entreprise se transforment en investissements (qui généreront des profits ultérieurs), en revenus du capital (dividendes, intérêts des emprunts et obligations) et en salaires. La plupart des pays cherchent à alléger la taxation des profits réinvestis. Ils peuvent taxer les revenus du capital et du travail. Les taxes, mais aussi la contribution au financement de la protection sociale, aujourd'hui prélevées sur les entreprises peuvent donc être déplacées en aval sur les bénéficiaires : salariés, retraités et actionnaires.

Certains États, craignant la fraude de leurs contribuables, préféraient jadis taxer les entreprises, dont le contrôle était plus facile. Mais, grâce aux progrès des systèmes d'information, leur administration connaît aujourd'hui les salaires et versements de dividendes que l'entreprise déclare et leurs bénéficiaires. Une telle réforme éviterait aussi que les entreprises globales ne fassent de l'optimisation fiscale en logeant leurs bénéfices dans des paradis fiscaux et favoriserait une action plus volontariste pour lutter contre les pratiques de ces pays dommageables pour l'économie mondiale. Enfin, elle rendrait inopérante le dumping fiscal « à l'irlandaise », consistant à attirer les sièges des sociétés par une plus faible taxation de leurs profits. Certes, les pays resteront en concurrence sur le niveau de taxation de leurs résidents, ce qui les poussera à bien gérer leurs administrations et systèmes d'éducation et de santé, pour que les citoyens en aient « pour leur argent ».

*5. Investir dans un système d'éducation,
de recherche et d'innovation efficace*

Un facteur encore favorable à l'Europe est la qualité de son système d'éducation, de recherche et d'innovation. Si chaque pays se hissait au niveau des meilleures performances européennes dans tous ces domaines, profitant par exemple de l'excellence de l'enseignement primaire finlandais, de la formation professionnelle allemande et des formations d'ingénieurs et de scientifiques anglaises et françaises, le soleil aurait des chances de continuer à se lever durablement sur le Vieux Continent.

*6. La négociation de règles équitables
du commerce international*

L'Europe, tout en réglant ses problèmes de convergence internes, doit dans le même temps négocier avec les pays émergents en vue d'une meilleure répartition mondiale de l'industrie. Il y en a dramatiquement trop peu en Afrique, le

géant démographique de demain. Il y en a désormais trop peu en Europe et en Amérique du Nord. En Asie, elle est trop tirée par l'exportation et pas assez par les immenses marchés intérieurs, encore trop pauvres. Il serait de l'intérêt collectif :
– que les firmes des pays émergents investissent encore plus massivement dans l'industrie en Afrique ;
– que les pays émergents se recentrent sur leur marché intérieur afin de réduire les immenses inégalités qui persistent ou se creusent en leur sein ;
– que l'Europe cesse de se désindustrialiser, en détruisant de manière massive un capital humain et social qu'il sera très difficile, voire impossible, de reconstituer, lorsque le niveau de vie croissant des pays plus récemment émergés aura érodé leur compétitivité, de sorte qu'il sera alors plus facile pour nos entreprises d'affronter leur concurrence... si elles ont survécu.

Impossible, diront certains, de renégocier les règles actuelles de l'OMC ! C'est méconnaître le poids de l'Europe – ou d'un sous-ensemble significatif de celle-ci dans le cas d'une coopération renforcée – lorsqu'elle est capable de présenter un front uni. L'Europe reste la première puissance du monde par son pouvoir d'influence. Elle jouit d'institutions stables et sophistiquées, d'un revenu par habitant élevé, d'une relativement bonne cohésion sociale et reste un modèle de développement envié. La sous-estimation qu'elle fait de sa capacité d'influence la dessert. Elle n'est limitée que par la complexité de sa gouvernance et le fait que, sur chaque enjeu particulier, un membre peut se désolidariser d'une position majoritaire même s'il bénéficierait globalement d'une solidarité imposée.

Une Europe déterminée n'aborderait donc pas nécessairement une négociation internationale en mauvaise posture. Mais, dans toute négociation, il faut un plan B. En cas d'échec de la coopération, l'Europe pourrait imposer, à qui veut avoir accès à son marché, des normes de valeur ajoutée locale minimale – ce que fait aujourd'hui la Chine – ainsi que le respect de standards sociaux et environnementaux plus stricts.

Le maintien d'une industrie en Europe, si possible bien répartie entre les États pour éviter des tensions analogues à celles que connaissent la Belgique ou l'Italie entre les régions industrielles prospères et les zones en perte de vitesse de leur territoire, est une urgence politique. Les savoir-faire industriels reposent en effet sur un long processus d'accumulation. Mettre en jachère l'industrie dans des territoires devenus trop peu compétitifs empêcherait la transmission de ce capital cognitif qu'il serait très long, difficile et coûteux de régénérer. Vouloir réindustrialiser et mieux répartir l'industrie en Europe est une politique de gestion saine et durable de ce capital humain et social. Les transformations profondes et nécessaires prendront du temps. Il faut donc les engager rapidement, se départir des illusions de la société post-industrielle. Le modèle social européen auquel nous tenons et l'Union européenne elle-même ne résisteraient pas à la poursuite de l'actuelle désindustrialisation d'une partie des pays membres.

TROISIÈME PARTIE

ET SI L'EUROPE
SE CONSTRUISAIT UN AVENIR ?

1

Relever le défi de la formation

Philippe Aghion

Dans son rapport de 1942, qui a posé les fondements de l'État providence d'après-guerre, lord Beveridge inclut l'ignorance et la maladie parmi les cinq fléaux contre lesquels l'État doit protéger les individus. Aujourd'hui, dans une économie mue par l'innovation, l'investissement dans le « capital humain » est plus que jamais une priorité, et sous des modalités renouvelées. En effet, dans une économie où sont en permanence introduits de nouveaux produits, de nouvelles technologies et de nouveaux modes d'organisation de la production, il est indispensable d'investir dans la mobilité et l'adaptabilité des individus et de stimuler leur capacité d'innovation.

Les politiciens et penseurs néolibéraux viendront nous expliquer qu'après tout rien n'empêche un individu d'emprunter pour investir lui-même dans sa santé ou dans sa formation. Mais cette vision néolibérale néglige deux aspects importants.

En premier lieu, investir en capital humain engendre des « externalités » : un parent mieux éduqué fera profiter ses enfants de son éducation ; un individu bien formé fera partager son savoir et son expérience à ses collègues de travail. Autrement dit, un individu (ou un salarié) qui a reçu une bonne éducation participera davantage au progrès de son pays et aura plus de chance de contribuer à l'introduction de nouvelles technologies. Pourtant, au moment où ils décident d'investir dans leur éducation, les individus ne prennent pas en compte ces « externalités » : ils ont donc tendance à sous-investir par rapport à ce qui serait optimal pour la société dans son ensemble.

En second lieu, à supposer même qu'un individu prenne ces externalités en compte, s'il doit financer lui-même ses dépenses d'éducation, il lui faudra emprunter. Or le marché du crédit est notoirement imparfait, les banques hésitant toujours à prêter aux nouveaux entrants, parce qu'elles ne les connaissent pas et parce qu'ils n'ont souvent pas grand-chose à gager contre leur emprunt. Quels que soient les progrès réalisés en terme de démocratisation de l'enseignement et d'augmentation de l'espérance de vie, l'État devra toujours continuer à investir dans l'éducation, pour la simple raison que ces investissements constituent des facteurs essentiels de croissance qu'aucun individu ni aucun établissement de crédit ne savent « internaliser » à leur juste valeur.

L'EXCELLENCE UNIVERSITAIRE

Amusons-nous à effectuer le parcours éducatif d'un individu à l'envers, en commençant par l'université et en terminant par l'école. En France et dans les autres pays de l'OCDE, tout le monde reconnaît l'importance, pour une économie innovante, d'avoir des universités bien financées ainsi que des institutions permettant le passage de la recherche au développement, c'est-à-dire la réalisation concrète d'une idée tout juste éclose. Pourtant, cette vérité était loin de faire l'unanimité il y a à peine dix ans et c'est en partie grâce à des études économiques comparatives qu'elle a fini par s'imposer. D'autres travaux ont montré que, sans investissements adéquats dans l'enseignement supérieur, un pays se condamne à la médiocrité en matière de recherche et complique l'insertion des jeunes diplômés sur le marché du travail. Ainsi les pays de l'Union européenne ont-ils récemment pris conscience de leur retard par rapport aux États-Unis dans les classements internationaux (notamment le classement de Shanghai) et ont compris que ce retard était en grande partie dû au fossé qui existe, entre les deux continents, en matière de dépenses d'éducation. Ainsi, en 2007, alors que les États-Unis dépensaient 2,9 % de leur PIB pour l'enseignement supérieur, l'effort des pays de l'Union ne correspondait qu'à 1,4 % de leur PIB, et pour la France à seulement 1,3 %. Autrement dit, les États-Unis dépensent par étudiant plus du double de l'Europe et plus du triple de la France.

Mais l'argent ne suffit pas pour atteindre l'*excellence universitaire* : il faut également doter l'université d'une gouvernance et de pratiques qui facilitent et encouragent la poursuite de l'excellence. À cet égard, plusieurs idées ou principes se dégagent des comparaisons internationales.

Tout d'abord, il faut octroyer l'autonomie aux universités par rapport au gouvernement central ou régional, à la fois sur le plan pédagogique (définition des programmes), sur le plan financier (gestion du budget) et sur le plan des ressources humaines (recrutement des enseignants-chercheurs et détermination de leur salaire). Des travaux récents ont montré que les performances de recherche des universités, telles que mesurées par les classements internationaux (classement de Shanghai ou classement du *Times*) ou par l'obtention de bourses (European Research Council), et leur performance en matière de débouchés professionnels (mesurée en particulier par la proportion de jeunes diplômés ayant trouvé un emploi un an après l'obtention de leur diplôme ou encore par les indices de satisfaction au travail) augmentent fortement avec le degré d'autonomie des universités. De surcroît, ces études montrent qu'il existe une complémentarité entre accroissement des moyens et autonomie. Autrement dit, l'effet positif d'une augmentation des financements est amplifié lorsque, en parallèle, on octroie davantage d'autonomie à l'institution. Inversement, l'autonomie n'a d'effet que combinée à un accroissement des moyens.

En second lieu, pour attendre l'excellence universitaire, il faut encourager l'*émulation* ou la « concurrence » entre universités. Le terme « concurrence » est régulièrement diabolisé par certains enseignants-chercheurs français. Or la concurrence universitaire est tout sauf un jeu à somme nulle. Harvard et le MIT se font concurrence pour attirer les meilleurs étudiants et enseignants-chercheurs ; dans le même temps, ils coopèrent étroitement à travers de nombreux cours et séminaires communs et de multiples collaborations entre chercheurs appartenant aux deux institutions. C'est au total cette « coopétition » qui fait du campus de Cambridge (Massachusetts) un endroit aussi attractif pour les étudiants et chercheurs du monde entier.

Ensuite, il faut que les universités adoptent des *codes de bonnes pratiques* telles que : 1) éviter l'endorecrutement des étudiants qui viennent de terminer leurs thèses de doctorat, de façon à éviter le mandarinat, le favoritisme et la formation de coalitions fermées au sein des universités ;

2) embaucher les nouveaux enseignants-chercheurs en *tenure track*, c'est-à-dire en contrat à durée déterminée avec évaluations externes au bout de six ans pour transformation en poste titularisé : le système de *tenure track* permet d'évaluer la qualité des jeunes enseignants-chercheurs tout en les incitant à l'excellence ; 3) soumettre la recherche et l'enseignement, au niveau des départements et laboratoires, à des évaluations et classements de façon à éviter que des considérations non strictement scientifiques interfèrent avec les décisions de promotion et de financement. Ces classements permettront notamment aux étudiants de choisir leur université et leur cursus de manière informée.

Les comparaisons internationales montrent également les mérites de systèmes universitaires où : 1) les étudiants se spécialisent progressivement de façon que la sélection opère par l'orientation et non par l'échec ; 2) des passerelles se développent entre formations professionnelles et formations générales pour former des individus qui maîtrisent à la fois les savoirs fondamentaux et les savoirs appliqués.

Enfin, les comparaisons internationales montrent que les grandes universités mondiales sont dotées d'une gouvernance reposant à la fois sur un conseil d'administration – composé majoritairement de personnalités externes (scientifiques nationaux ou étrangers, anciens étudiants de l'université...) qui nomme et révoque le président de l'université et statue sur les grandes orientations – et sur un sénat académique représentant les enseignants-chercheurs et personnels administratifs de l'université. Les étudiants de nombreux pays développés mais aussi émergents ont des droits que les étudiants français n'ont généralement pas : en particulier, celui d'évaluer leurs professeurs et d'accéder aux informations sur la qualité des cours et les débouchés offerts par différentes universités et différents programmes. S'ajoute à cela que ce ne sont ni les étudiants, ni d'ailleurs les personnels, mais les professeurs qui décident du recrutement des nouveaux enseignants-chercheurs.

Au total, notre système universitaire a besoin de moyens, d'autonomie et de concurrence pour atteindre l'excellence en matière de recherche et d'insertion professionnelle.

AMÉLIORER L'ÉCOLE

D'aucuns ont interprété la priorité donnée à l'investissement dans l'éducation supérieure et la recherche comme un feu vert à des politiques de réduction des dépenses dans l'enseignement primaire et secondaire. Or, comme le montrent les travaux d'Eric Hanushek et Ludger Woessmann, de bonnes performances au niveau de l'enseignement primaire et secondaire stimulent également la croissance d'un pays[1].

Pour justifier les coupes budgétaires dans l'enseignement primaire et secondaire, on a parfois entendu l'argument selon lequel les augmentations de moyens décidées par le passé n'ont pas sensiblement amélioré les performances. De fait, et c'est l'une des conclusions des travaux de Hanushek et Woessmann, ce qui compte n'est pas tant la *quantité* (par exemple le nombre de professeurs) de moyens investis dans l'éducation que leur *qualité* (par exemple la formation disciplinaire et pédagogique des enseignants). Comme dans le cas des universités, il faudra donc certainement améliorer la

---

1. Et, évidemment, de bonnes performances au niveau primaire et secondaire constituent un bon socle pour un système universitaire de qualité.

gouvernance des écoles en même temps que l'on accroît les moyens qui leur sont attribués.

Ces travaux sont très instructifs pour comprendre l'impact de l'éducation (et tout particulièrement de la « qualité » de l'éducation) sur la croissance. Après avoir étudié la corrélation entre taux de croissance et durée de scolarité, ils ont analysé l'impact des résultats aux tests PISA[1] sur le taux de croissance, captant ainsi la notion de « qualité de l'éducation ». Les auteurs en concluent que ce sont principalement les résultats aux tests PISA, et non le nombre d'années de scolarité, qui expliquent les différences de taux de croissance entre pays. Autrement dit, c'est plus la qualité de l'éducation que la durée de l'éducation qui compte.

Dès lors, on se demande comment atteindre des scores honorables aux tests PISA ? L'exemple finlandais est à cet égard particulièrement édifiant. La Finlande consacre en effet à l'éducation la même part de son budget que la France, et pourtant obtient des résultats très supérieurs aux nôtres. Sur l'échelle des enquêtes PISA, qui mesurent l'acquisition des savoirs et des compétences dans différents pays, la Finlande affiche des résultats exceptionnels : parmi les pays de l'OCDE, elle occupe la deuxième place en lecture et compréhension de texte ainsi qu'en mathématiques, et la première place en sciences. En revanche, les résultats PISA de la France se situent dans la moyenne des pays de l'OCDE pour la lecture mais en dessous pour les sciences et les mathématiques, et, globalement, les résultats n'ont cessé de se détériorer depuis l'année 2000.

---

1. Tests réalisés sur des élèves de 15 ans tous les trois ans depuis l'année 2000. Ils comprennent un test de lecture et compréhension de texte, un test de mathématiques et un test de sciences.

Où réside le secret de la réussite finlandaise ? Le modèle finlandais repose sur trois grands leviers : l'égalité d'accès à l'école, un soutien scolaire massif à chaque élève, en particulier dans le primaire et des enseignants hautement qualifiés et responsabilisés dans tous les établissements scolaires finlandais.

Tout d'abord, l'égalité d'accès : le système finlandais offre à chaque enfant les mêmes possibilités d'apprendre, quels que soient l'origine sociale, le revenu familial ou le lieu de résidence. L'éducation primaire et secondaire est vue en premier lieu comme un instrument d'égalité sociale et non comme un moyen de produire des *star performers*. L'égalité des chances se matérialise par une école publique gratuite (la Finlande n'a pas d'écoles privées), des repas gratuits, une allocation de transport, un accès facilité aux soins médicaux et au conseil psychologique et surtout l'accès au soutien académique individualisé.

Le deuxième levier du succès finlandais est son système très développé de *lutte contre l'échec scolaire* dès le primaire : il s'agit en effet d'identifier très tôt les lacunes de l'enfant afin d'éviter des retards cumulatifs. La loi finlandaise permet à chaque enfant d'obtenir gratuitement un soutien individuel pédagogique, soit général, soit dans une matière spécifique. Chaque école dispose d'un *school welfare group* chargé de planifier et de coordonner toutes les activités de soutien au sein de l'école et la mise en place de ce dispositif de soutien relève de la responsabilité de chaque professeur qui peut à cet effet se faire seconder par un autre professeur ou tuteur. Les résultats de cette politique sont édifiants : 0,3 % seulement des élèves quittent l'école au cours des neuf premières années d'études ; il y a 2 % de redoublement en Finlande contre 4 % en France ;

près de 97 % des élèves poursuivent leurs études jusqu'au bac (44 % en bac professionnel).

Le troisième levier est celui de la *qualité des enseignants* : tous les professeurs doivent suivre une formation de base jusqu'au niveau bac + 5. Ensuite, il y a dix-huit mois de formation pédagogique avec stages d'apprentissage organisés par l'université. La Finlande met également l'accent sur la formation continue gratuite des professeurs. Celle-ci relève de la responsabilité des employeurs, en général les municipalités, même si la mise de départ provient du budget de l'État qui verse chaque année 20 millions d'euros au Conseil national de l'éducation, qui ensuite les redistribue aux municipalités. Près de 30 000 professeurs (75 % du corps enseignant) en bénéficient chaque année.

La Finlande a eu bien raison de miser sur la qualité des enseignants, car celle-ci se révèle être essentielle pour la réussite économique des élèves. Une étude récente publiée en 2011 par les économistes Raj Chetty et John N. Friedman, de Harvard, et Jonah E. Rockoff, de Columbia, tente d'évaluer les résultats d'une politique centrée sur la qualité des enseignants. Cette étude montre que de bons enseignants, non seulement permettent aux élèves d'obtenir de meilleurs résultats aux tests, mais également leur donnent de meilleures chances de réussite pour l'avenir. Avoir un bon professeur en 9e (la 3e française) se traduit pour l'élève par un accroissement de 1,25 % de chance d'accéder à l'université. Cela représente aussi près de 25 000 dollars de revenus supplémentaires sur toute une vie, soit près de 700 000 dollars au niveau d'une classe de taille moyenne.

Il est intéressant de comparer la Finlande avec d'autres pays voisins dotés d'un système politique relativement similaire au système finlandais : la Norvège et la Suède. Ces deux pays ont également procédé à des réformes profondes de leurs systèmes éducatifs mais en suivant des directions très différentes, c'est-à-dire en encourageant l'ouverture d'écoles privées ou en accroissant la concurrence entre établissements. Les résultats ne sont guère probants, avec des classements PISA qui se sont fortement détériorés pour ces deux pays depuis l'année 2000.

Il ne s'agit évidemment pas pour la France de simplement copier le système finlandais : la Finlande est un petit pays avec une population très homogène : seuls 4,6 % des citoyens finlandais sur une population totale de 5,4 millions sont nés à l'étranger. Il n'empêche, l'impressionnante réussite du modèle finlandais et le moindre succès de ses voisins scandinaves suggèrent quelques lignes de force pour reformer notre propre système éducatif : un système égalitaire qui évite la sélection précoce des élèves ; un investissement massif dans le soutien individualisé aux élèves en difficulté dès le primaire et surtout une valorisation du métier d'enseignant avec une formation pédagogique initiale conséquente et ensuite une obligation de formation continue. Telle est la grille de lecture que l'exemple finlandais offre pour reformer l'école. En particulier, elle suggère de mettre davantage l'accent sur le primaire et les zones défavorisées, d'accroître les moyens et les effectifs, afin d'assurer un meilleur accompagnement individuel des élèves, et de rétablir un véritable système de formation des maîtres.

Enfin, il faut bien penser ou repenser la pédagogie. Un travail de recherche récent se penche en détail sur les méthodes pédagogiques. Il qualifie ces méthodes de « verticales », lorsque l'enseignant fait cours devant des élèves réduits à prendre des notes et que ceux-ci doivent travailler seuls sur leurs manuels. Les méthodes sont au contraire dites « horizontales », lorsque l'enseignant demande aux élèves de travailler en groupe, de prendre part à des jeux, à des discussions, à des animations ou à tout autre projet. Des bases de données détaillées sur les différentes pratiques éducatives permettent de situer chaque pays par rapport à ces deux dimensions : ainsi, la France se caractérise par un enseignement plutôt vertical, tandis que les pays nordiques pratiquent des méthodes plus horizontales.

Cette étude montre que les pays qui promeuvent un enseignement horizontal se caractérisent généralement par un niveau de confiance plus élevé, un civisme plus important et même un gouvernement plus efficace que les pays où l'enseignement est plus vertical. Une pédagogie plus horizontale va aussi de pair avec des entreprises organisées plus « horizontalement », c'est-à-dire de façon plus décentralisée, au sens où l'autorité est plus facilement déléguée et où les relations de travail sont plus coopératives.

Pour autant, faut-il aller vers des systèmes totalement horizontaux ? L'exemple de la Suède suggère que non. Dans les années 1990, un consensus avait émergé en Suède pour réformer le système éducatif en le centrant davantage sur la créativité des élèves. Mais, contre toute attente, ce changement a en fait contribué à creuser l'écart entre les classes sociales. Les élèves de milieux favorisés, qui pouvaient se faire aider par leurs parents (pour les travaux de groupe ou divers projets), obtenaient de bons résultats, tandis que les élèves issus de l'immigration ou de milieux plus pauvres étaient à la traîne. Au total, il faut trouver le bon panachage entre pratiques « horizontales » et pratiques « verticales ».

En conclusion, qu'il s'agisse de l'université ou de l'école, l'État doit se montrer stratège, à la fois en donnant la priorité à ces domaines porteurs de croissance mais également en conditionnant ses investissements à la mise en place de bonnes gouvernances et de bonnes pratiques et en acceptant de se soumettre à l'évaluation et aux informations fournies par les classements internationaux. Une université qui ne produit ni recherche de niveau européen (reflétée notamment dans les indices d'impact), ni innovation et brevets menant à des créations d'entreprises, ni bonne insertion professionnelle, ne contribue ni à l'emploi ni à la croissance. De même, un système d'enseignement primaire et secondaire qui ne produit pas de bons résultats aux tests PISA ne permet pas de maximiser la croissance potentielle d'un pays. Et on a vu l'importance pour obtenir de bons tests PISA d'avoir une bonne formation des maîtres et un système de tutorat permettant d'éviter les redoublements.

Un mot sur l'Europe pour conclure. L'initiative Erasmus a été un grand succès car elle a transformé le regard des étudiants sur leurs voisins européens, et ce faisant elle contribue à développer une identité européenne. De même, la création du European Research Council (ERC) a permis une évaluation encore moins contestable des projets et centres de recherche et des performances de recherche des universités au niveau européen. Une prochaine étape est de créer des systèmes de bourses et de subventions pour accroître la transférabilité des diplômes au sein de l'Europe, ce qui contribuera à l'émergence d'une force de travail plus qualifiée et plus mobile au niveau de l'Europe tout entière.

2

Reprendre des risques

Philippe Trainar

C'est un lieu commun de dire que la vieille Europe serait devenue adverse au risque. Il n'est pas rare d'entendre des responsables économiques étrangers, notamment dans les pays émergents, affirmer que nous ne sommes pas un modèle économique pour eux en raison de notre frilosité et de notre peu d'ardeur au travail. Les interrogations des marchés sur la capacité de l'Europe à sortir de la crise, sur le scénario à la japonaise qui menace le Vieux Continent, sur le risque d'explosion de la zone euro font toutes plus ou moins implicitement référence à ce type de considération.

Les propos d'Ulrich Beck (*La Société du risque, sur la voie d'une autre modernité*, Aubier) selon lequel « dans la société de classes, la force motrice se résume en une phrase : j'ai faim ! Le mouvement qui est mis en branle dans la société du risque s'exprime, lui, dans la formule suivante : j'ai peur ! » Cela concernerait moins notre époque en tant que telle et ses remises en cause de la famille, de la profession et de la foi dans la science, que l'attitude de l'Europe face à ces bouleversements et son incapacité à accepter les risques de la société post-industrielle. D'une certaine façon, l'Europe verrait se réaliser la sombre prédiction de Joseph Schumpeter (*Capitalisme, socialisme et démocratie*, 1942) : les forces mêmes qui y ont porté le capitalisme seraient en train de l'y détruire. L'aspiration à plus de sécurité, autorisée par les formidables gains de productivité procurés par le marché, aurait progressivement raison de la prise de risque dont ces gains sont le produit. Comme le dit Schumpeter, « l'horizon temporel de l'homme d'affaires se rétrécit ». Il se rétrécit du fait à la fois de la disparition de l'esprit d'entreprise qui passe de mode et des contraintes que la société impose à la prise de risque.

Mais, au fond, pourquoi chercher à redonner à l'Europe le goût du risque ? Si l'Europe préfère la stagnation dans la sécurité à la croissance dans le risque, pourquoi ne pas respecter ce choix ? Il y a deux bonnes raisons à cela. D'une part, il n'est pas sûr que la société ait fait consciemment ce choix et que ce choix ne résulte pas d'un enchaînement de réactions sociales et psychologiques mal maîtrisées. D'autre part, il n'est pas sûr que la stagnation dans la sécurité soit une option réellement ouverte sur le long terme. Sans même aller jusqu'à évoquer les analyses d'Edward Gibbon ou d'Arnold Toynbee sur la fin des empires et des civilisations, il faut souligner que le risque n'a aucune raison de disparaître avec la croissance zéro et qu'il pourrait même augmenter avec l'accroissement des tensions sociales pour le partage des richesses.

En outre, la société post-industrielle, si elle accroît les sources de risques, donne aussi les moyens de les couvrir plus efficacement que par le passé. L'assurance est un « bien supérieur », c'est-à-dire un bien dont la production et la consommation croissent plus vite que le PIB, un bien qui soutient la croissance et le développement économique.

L'ORIGINE DES SPÉCIFICITÉS DE LA DEMANDE
CROISSANTE DE SÉCURITÉ EN EUROPE NE SE TROUVE
DU CÔTÉ NI DES COMPORTEMENTS INDIVIDUELS
NI DES CHANGEMENTS DE L'UNIVERS DES RISQUES

On peut s'interroger sur la croissance même de l'aversion au risque. De nombreux travaux empiriques s'inscrivent en faux par rapport à cette idée. L'aversion au risque des personnes et des ménages aurait plutôt tendance à être stable. Luc Arrondel et André Masson (*L'Épargnant dans un monde en crise*, Cepremap, 2011) montrent ainsi qu'entre 1998 et 2007 l'aversion au risque des ménages français n'a pas varié et que, contrairement à une opinion répandue, son niveau est assez similaire à celui des ménages américains. Pierre-André Chiappori et Monica Paiella («Relative Risk Aversion is Constant : Evidence from Panel Data», *Journal of European Economic Association*, novembre 2011) aboutissent à la même conclusion à partir des données d'enquêtes de la Banque d'Italie menée sur la période 1989-2004 auprès des ménages italiens. S'il y a eu une modification de l'attitude des Européens par rapport au risque, elle doit donc venir d'ailleurs : soit d'un accroissement des risques, soit d'une modification de la nature des risques qui rendrait les comparaisons intertemporelles délicates, soit encore d'une modification du comportement non pas individuel mais collectif.

En fait, il est difficile de distinguer les tendances qui affectent le niveau de risque auquel les agents sont exposés des tendances qui affectent la nature de ces risques. Ceux-ci croissent dans les sociétés post-industrielles non pas tant parce que les personnes seraient laissées sans protection face à eux que parce que leur nature change rapidement et fondamentalement. Les risques auxquels nous étions exposés au début des années 1980 étaient bien moins nombreux que ceux auxquels nous sommes exposés aujourd'hui, ce qui impose aux agents de s'adapter, à tout le moins psychologiquement. Ce qui veut dire que l'essentiel des risques auxquels nous sommes confrontés aujourd'hui sont nouveaux. Ils sont liés aux conséquences non seulement de la mondialisation et du développement technologique, mais aussi de l'évolution des mœurs, de l'apparition de nouvelles forces politiques, intellectuelles et spirituelles consécutives à la disparition du communisme et à la montée des fondamentalismes. Les risques sont donc plus nombreux, moins bien connus et plus insidieux, difficiles à cerner et à anticiper. Le risque est plus inquiétant aujourd'hui qu'il ne l'était hier, car nous avons le sentiment de ne plus être en mesure de l'identifier. En même temps, les moyens de prévention et de protection se sont développés dans des proportions considérables avec la sophistication des moyens d'enquête policière, l'offre de nouveaux produits d'assurance, etc. Mais, s'il est bien une chose qui ne différencie pas l'Europe des États-Unis ou de l'Asie, c'est ce nouvel univers du risque auquel les agents sont confrontés, quels que soient leur localisation géographique et leur statut social.

LA DEMANDE DE SÉCURITÉ QUI OBÈRE LA CROISSANCE EUROPÉENNE EST À RECHERCHER DU CÔTÉ DES COMPORTEMENTS COLLECTIFS

Si l'aversion individuelle au risque et l'univers des risques auquel les agents sont confrontés ne constituent pas des facteurs explicatifs de la demande croissante de sécurité en Europe par rapport au reste du monde, c'est alors vers l'aversion collective au risque qu'il faut se tourner. Et, en effet, de ce côté, le monde a fondamentalement changé : il a changé globalement mais il a aussi changé de façon différenciée selon les régions du monde. Les facteurs de changement de l'aversion collective et donc de la demande sociale de sécurité sont triples : prudentiels, jurisprudentiels et politiques.

Les facteurs politiques sont liés à l'État providence. Ils sont discriminants pour apprécier les évolutions différentes de la demande de sécurité selon les pays et les régions du monde. Si l'on en juge par un indicateur simple comme l'évolution de la part des dépenses publiques dans le PIB, y compris dépenses sociales, l'État providence est plutôt légèrement en recul au sein de l'OCDE par rapport au début des années 1990. Cela recouvre toutefois des situations très différenciées : recul en Allemagne, stabilité aux États-Unis, progression au Royaume-Uni, en France, en Belgique, au Portugal, en Espagne, en Grèce. Dans ces derniers pays, il est clair que l'on assiste à une offre croissante de protection publique par l'État et par la classe politique, que ce soit sous la forme d'une extension de la sécurité sociale, de l'accroissement de la redistribution ou d'une multiplication des subventions à divers secteurs de l'économie (associations, entreprises en difficulté, champions nationaux). Associé à ce poids accru des dépenses publiques, on trouve un poids accru des prélèvements obligatoires. On notera toutefois que, dans certains des pays concernés, le soutien temporaire au secteur bancaire a joué un rôle important à court terme et ne peut probablement pas être considéré, à ce stade, comme un élargissement durable de l'État providence.

Dans l'orbe de l'État providence, il faut inclure la régulation du marché du travail, qui a été réduite en Allemagne mais accrue en France, et la régulation des produits, qui a généralement eu tendance à diminuer hormis en France. En soi, cet élargissement de l'État providence n'a aucune raison de modifier les comportements individuels vis-à-vis du risque. Il pourrait même les faire évoluer favorablement en rendant « moins risquée » la prise de risque. Mais dans des pays comme la France ou l'Italie il n'en a rien été, et les comportements collectifs ont montré, à l'inverse, une aversion accrue au risque. Cette évolution renvoie à la déformation défavorable de la courbe de distribution des rendements, induite par l'accumulation des charges et contraintes sociales sur l'entreprise. En conséquence de quoi, dans ces pays, l'entreprise est devenue durablement plus frileuse en matière de recrutement et d'investissement.

Les facteurs jurisprudentiels ont trait aux comportements des tribunaux et, notamment, à la mise en œuvre beaucoup plus systématique que par le passé de la responsabilité des professionnels, qu'ils soient entrepreneurs, membres de conseils d'administration, fonctionnaires ou politiques. Le cas est typique pour l'entrepreneur. Autrefois, sauf malversation, manœuvre frauduleuse ou non-respect du droit du travail, on considérait que la responsabilité du chef d'entreprise ne pouvait pas être invoquée, que ni les actionnaires ni les salariés ne pouvaient se retourner contre lui. Aujourd'hui, celle-ci est quasi systématiquement mise en cause dès que l'entreprise est confrontée à des difficultés, que ce soit pour abus de biens sociaux ou à tout autre titre. Ceci accroît significativement les incertitudes dans la conduite des affaires et incite les entreprises à adopter des comportements beaucoup plus frileux que par le passé, avec des conseils d'administration qui dédient un temps important à limiter la prise de risque économique par l'entreprise. Certes, les assureurs offrent des produits qui en couvrent les conséquences financières, mais ces produits ont un coût élevé et ne compensent que partiellement les risques générés par la jurisprudence. On notera toutefois que, si les variantes nationales de ces facteurs jurisprudentiels ne sont pas négligeables, elles apparaissent cependant surtout comme des fluctuations autour d'un *trend* mondial.

La régulation joue aussi un rôle important dans la montée de l'aversion sociale au risque, notamment la régulation financière. Celle-ci cherche en effet de plus en plus à sortir le risque des institutions financières – banques ou assurances –, que ce soit en imposant un coût en capital élevé à la prise de risque, par exemple au niveau de l'investissement (dans les actions et l'immobilier notamment) ou au niveau du crédit, ou en prohibant certaines activités jugées trop risquées. De façon générale, l'objectif affiché des réformes Bâle 3 pour la banque et Solvabilité 2 pour l'assurance, qui est de limiter le risque de défaut d'une institution financière à 0,5 % au cours des douze mois à venir, soit un défaut moins d'une fois tous les deux cents ans, devrait rendre très difficile le financement long de l'économie par les institutions financières. La double conséquence en est que, d'une part, l'économie prendrait moins de risque long au total, d'autre part, que les agents non financiers, ménages ou entreprises, devraient prendre une part plus importante de ce risque alors même qu'ils ne sont pas en mesure de le diversifier aussi bien que les institutions financières. Ce qui veut dire que le secteur non financier devrait devenir plus risqué. Pour autant, les banques n'en seraient pas plus sûres *in fine*. Comme leurs risques sont, par nature, le reflet des risques de leur environnement économique, elles ne devraient guère voir de changement dans leur exposition globale au risque puisque leur plus grande résilience, dérivée d'une régulation plus rigoureuse, serait compensée par un environnement économique devenu, du fait de cette même régulation, plus risqué et plus volatile. On se retrouverait donc dans une économie plus adverse au risque long sans être pour autant moins risquée. Toutefois, ces facteurs prudentiels, dans la mesure où ils correspondent à des standards internationaux, ne sont pas vraiment discriminants au regard de la diversité des situations nationales et notamment de la situation de l'Europe par rapport au reste du monde.

LA DEMANDE ACCRUE DE SÉCURITÉ SE MANIFESTE PAR UNE « FAIM » D'ACTIFS SÛRS, A PRIORI IMPOSSIBLE À SATISFAIRE EN EUROPE

En termes macroéconomiques, ces différents facteurs accroissent de façon exogène la demande de sécurité, sans pour autant créer les richesses destinées à couvrir les coûts d'une offre de sécurité accrue. Or, les agents ne sont pas prêts à payer plus pour satisfaire ce besoin. Il en résulte que le financement de cette demande accrue de sécurité s'assimile, quelle qu'en soit la forme, à un prélèvement économique obligatoire déguisé, un « droit de seigneuriage ». En fonction de la capacité de l'économie à absorber ce prélèvement, les effets de distorsion induits peuvent avoir des conséquences plus ou moins graves sur les économies concernées. Dans la finance, cette distorsion induit une forte croissance de la demande internationale d'actifs sûrs en face d'une offre inchangée de ces actifs en termes relatifs (dette publique, dette garantie, dépôts à vue, dette « corporate » de très bonne qualité), de l'ordre de 33 %

de l'ensemble des actifs, aux États-Unis. L'écart entre l'offre et la demande n'a pas été initialement comblé par une hausse du prix des actifs sûrs mais par de l'ingénierie financière sous la forme soit de titrisation – laquelle, via l'agrégation des risques et leur diversification, permet de transformer des crédits de mauvaise qualité en actifs bien notés –, soit de prêt de titres qui permet d'utiliser des actifs de mauvaise qualité pour libérer des actifs de bonne qualité détenus par exemple par des fonds de pension afin de les utiliser comme collatéral dans le cadre de transactions dites « sécurisées ».

La crise financière, en torpillant assez largement la titrisation, a fait réapparaître un écart, que l'accroissement des dettes souveraines n'a que très partiellement couvert, en termes de volume et surtout de qualité, dans la mesure où les politiques monétaires anticycliques ont stérilisé un volume important de dettes publiques tandis que les dettes publiques de nombreux pays (Grèce, Espagne, Portugal, Italie, par exemple) ont dû être retirées de la liste des actifs sûrs. L'écart croissant entre la demande et l'offre stable d'actifs sûrs n'a donc pu être comblé, avant la crise, qu'au prix d'une fragilisation du secteur financier, tandis que la crise a fait réapparaître un important écart non comblé qui pèse aujourd'hui sur la reprise et favorise la formation d'une bulle financière sur les dettes souveraines.

La politique macroéconomique peut-elle nous aider à résorber ce déséquilibre ? La question est d'autant plus importante que le désajustement entre la demande et l'offre d'actifs sûrs peut avoir d'importantes conséquences macroéconomiques structurelles, comme le soulignait déjà John Stuart Mill au début du XIXe siècle. Pour cet économiste, un excès de demande pour une certaine catégorie d'actifs financiers doit normalement avoir pour contre-partie un excès d'offre pour certains biens et services et pour certaines catégories de travail, et une augmentation de leur taux de chômage. Il est donc important de pouvoir réduire ce désajustement. Mill estimait que l'excès de demande pour un actif de bonne qualité ne pouvait être éliminé que par une intervention de l'État, qui apporte sa garantie à des actifs privés risqués ou qui les rachète en s'endettant. Dans les deux cas, cette intervention de l'État aboutit à un accroissement de l'offre d'actifs sûrs. Toutefois, dans les circonstances actuelles, étant donné le niveau d'endettement public élevé atteint dans la plupart des États européens, cette solution comporte, pour eux, le risque d'une perte de crédibilité, leur passif risquant de ne plus être considéré comme un actif sûr par les investisseurs à la suite de cette intervention. Certes, la Banque centrale peut, par sa politique monétaire, alléger cette contrainte, mais elle ne peut pas l'éliminer sans s'exposer elle-même au risque de perte de crédibilité, voire de défaut. Nous retrouvons là une version actualisée du dilemme de Robert Triffin concernant le rôle international du dollar après la guerre (*Gold and the Dollar Crisis : The Future of Convertibility*, 1960) : il nous rappelle qu'il y a une limite à la capacité d'un gouvernement ou d'une banque centrale à créer des actifs sûrs reconnus. C'est pourquoi la capacité de la politique macroéconomique à traiter les spécificités du problème de l'Europe est aujourd'hui extrêmement limitée. Et c'est donc vers des mesures plus structurelles qu'il faut se tourner, d'autant plus que l'origine du problème européen est spécifiquement structurelle.

COMMENT REDONNER DURABLEMENT
LE GOÛT DU RISQUE À L'EUROPE ?

Une première solution consisterait à changer le modèle européen et à l'aligner sur celui des économies anglo-saxonnes, notamment de l'économie américaine. Un modèle très flexible, où les choix concernant la sécurité sont largement laissés aux soins du marché et à l'ajustement de l'offre et de la demande, permettrait de retrouver un prix du risque et de sa protection susceptible d'équilibrer le marché et d'allouer les ressources des agents, ménages et entreprises, en fonction des besoins et de leur coût réel. Toutefois, cette solution n'est pas exactement dans l'état d'esprit actuel de l'Europe continentale, et encore moins dans l'état d'esprit des Français. Ils semblent être attachés à une protection sociale plus large que celle offerte par les pays anglo-saxons, dans une optique plus de prévention sociale que de traitement social du chômage, des hasards de la vie et des inégalités.

Si on accepte cette contrainte, dont il reste toutefois à prouver qu'elle est optimale pour les Européens, la seule issue possible consiste à améliorer l'efficacité de nos systèmes de protection sociale. Ceux-ci ont été mis à mal par plusieurs décennies de mesures de court terme ou symboliques, qui ont sacrifié la substance à la forme. Dans cette perspective, les réformes à introduire s'articuleraient autour des axes prioritaires suivants :

– Éliminer les trop nombreuses rentes de situation : beaucoup d'activités bénéficient d'une protection légale, qui leur permet d'opérer à l'abri de la concurrence et d'offrir des services de piètre qualité à des prix prohibitifs ; le sujet est moins celui du montant des revenus tirés de ces activités que celui de la déviation du prix de ces services par rapport à ce qu'une saine concurrence imposerait. Cela suppose de réduire les subventions publiques sectorielles et de ne pas hésiter à taxer les purs revenus d'aubaine ; cela suppose aussi d'ouvrir assez largement à la concurrence différents pans de la sécurité sociale, notamment la santé et les accidents du travail, mais aussi des pans entiers de la retraite, et de ne surtout pas « nationaliser » la couverture de la dépendance. Enfin, dans une économie comme la France qui a exclu jusqu'à présent les fonds de pension et ne bénéficie donc pas de leur apport en capitaux longs, il faudrait encourager les solutions de marché qui, pour la retraite et la dépendance, reposent explicitement sur la capitalisation.

– Flexibiliser le marché du travail : on ne peut à la fois protéger la main-d'œuvre contre les conséquences des fluctuations économiques et rigidifier le marché du travail pour empêcher ces fluctuations, sans peser sur la prise de risque et l'emploi ; d'ailleurs, tous les marchés du travail qui imposent les deux fonctionnent très mal et sont confrontés à un chômage des jeunes et des seniors très élevé ainsi qu'à de grandes difficultés pour réinsérer les personnes sorties du marché. En fait, si la prise de risque s'accommode très bien de la protection de la main-d'œuvre contre les conséquences des fluctuations du marché du travail, elle s'accommode en revanche très mal de la rigidité du marché du travail qui déforme de façon asymétrique la distribution des rendements futurs de la prise de risque en augmentant le montant des pertes en cas de difficulté. C'est pourquoi la prise de risque, et surtout à long terme, suppose un marché du travail suffisamment fluide et flexible. Comme le montre le modèle suisse, un tel marché du travail est cohérent tout à la fois avec un quasi plein-emploi, un pouvoir d'achat élevé et une bonne protection des salariés contre les conséquences des fluctuations économiques.

– Accorder un traitement beaucoup plus favorable à la prise de risque économique : il ne s'agit pas de favoriser telles formes par rapport à d'autres, mais la prise de risque économique en général grâce à un traitement fiscal, social, prudentiel, etc., systématiquement plus favorable que celui accordé aux rentes de situation et, si possible, plus favorable que celui accordé par nos concurrents. Cela suppose vraisemblablement un traitement fiscal de l'entreprise plus favorable que le traitement actuel, sans avantage au réinvestissement par rapport à la distribution de dividendes (lequel s'analyse comme une rente en faveur du management en place). Cela suppose aussi d'accorder un traitement fiscal et social particulièrement favorable à l'épargne longue de façon à financer sur des bases saines l'investissement long et la prise de risque à long terme. Dans l'absolu, la neutralité fiscale totale serait l'idéal ; cet axe d'orientation devrait être absolument prioritaire dans une économie comme la France qui ne bénéficie pas de l'apport des investisseurs de long terme que sont les fonds de pension.

– Mener des politiques macroéconomiques plus équilibrées : comme l'ont montré Pierre-Olivier Gourinchas et Olivier Jeanne[1] ainsi que Ricardo Caballero et Emmanuel Farhi[2], l'État doit alimenter le marché en actifs sûrs de façon continue, en quantité et en qualité suffisantes, grâce à des politiques monétaires et des finances publiques optimisées qui préservent la crédibilité de l'État et de la banque centrale. Les politiques laxistes ont le défaut de réallouer les

---

1. « Global Safe Assets », BRI, juin 2012.
2. « A Model of the Safe Asset Mechanism : Safety Trap and Economic Policy », NBER, document de travail n° 18737, 2013.

facteurs de production en faveur des activités en situation d'échec, des « canards boiteux », de ceux qui ne prennent pas de risque ou de ceux qui en prennent sans réfléchir, en même temps qu'elles dégradent le niveau de sûreté de la dette souveraine ; quant aux politiques trop prudentes, elles cassent la croissance et dissuadent la prise de risque.

– Éduquer les jeunes à la prise de risque : il faut inculquer et valoriser l'esprit d'entreprise à l'école et dans l'université, au lieu de le décrier ; il faut aussi former à la gestion des risques, car la prise de risques, pour être raisonnée et réussie, exige des compétences, une expérience et une discipline. Même si, en matière de recrutement, le marché est, surtout en France, directement en concurrence avec l'État, lequel s'attache à attirer les meilleurs en leur payant leurs années d'études, il n'en demeure pas moins que l'esprit fonctionnaire ne devrait plus dominer les formations comme il le fait depuis trop longtemps.

– Optimiser la régulation financière : la banque et l'assurance doivent pouvoir jouer pleinement le rôle de mutualisation des risques financiers qu'elles sont seules à pouvoir jouer sur une large échelle ; elles ne doivent pas être dissuadées de prendre des risques longs dans les entreprises. Ceci suppose que les régulations Bâle 3 et Solvabilité 2 n'imposent pas des chargements en capital qui soient déconnectés de l'horizon temporel de l'investissement ou qui favorisent unilatéralement la demande d'actifs sûrs, notamment d'obligations d'État, aux dépens des titres d'entreprises, ou encore qui pénalisent les PME et les entreprises non cotées. Il faudrait aussi rouvrir la réflexion sur le réalisme d'un objectif de défaut des institutions financières inférieur à 0,5 % et se demander si, *in fine*, il n'est pas plus important de rendre la prise de risque transparente et maîtrisée plutôt que d'essayer de l'encadrer et de la limiter, ce qui ne peut que la dissuader. En raison de ses faiblesses propres, notamment de l'absence de fonds de pension, la France a plus que tout autre pays besoin d'une régulation financière parfaitement optimisée de ce point de vue.

Redonner le goût du risque à l'Europe suppose d'importantes réformes structurelles. Contrairement à ce que l'on pense souvent, ces réformes n'imposent pas un abandon de la protection des ménages et des personnes contre les aléas de la vie, bien au contraire. Elles supposent, en revanche, une rationalisation de celle-ci, une plus grande sélectivité et une remise en cohérence de l'ensemble après un demi-siècle au cours duquel des mesures sociales, fiscales et prudentielles ont été accumulées sur la base de bonnes intentions mais sans grand souci d'évaluation et d'efficacité économique. Or la prise de risque, surtout la prise de risque long, exige une architecture efficace et cohérente, ce afin d'être crédible et soutenable. Elle exige aussi des politiques macroéconomiques équilibrées. Elle exige enfin, à tout le moins aujourd'hui, un traitement social et fiscal favorable de la prise de risque, un traitement qui permette d'attirer les investisseurs potentiels, qu'ils soient domestiques ou étrangers.

3

Bâtir une défense coordonnée

Jean-Louis Georgelin

Le chantier de l'Europe de la défense est un chantier difficile, extraordinairement embrouillé, requérant un effort de compréhension soutenu pour les non-spécialistes, car y foisonnent les concepts subtils, les acronymes indéchiffrables, mais surtout les ambiguïtés, les arrière-pensées, quand ce n'est pas en définitive un profond désintérêt, tant il est vrai qu'en réalité les questions de défense ne requièrent véritablement l'attention que sous l'empire de la nécessité. Aujourd'hui, ce sont évidemment les difficultés économiques, financières et sociales qui accaparent l'attention et la capacité d'action des dirigeants européens, nationaux et communautaires.

Dès le départ surgit une difficulté fondamentale. De quoi parle-t-on lorsqu'on parle d'Europe de la défense ? Ceux qui en parlent à longueur de séminaires et de colloques ont-ils vraiment les idées claires sur ce point essentiel ?

La question de la sécurité de l'Europe, et par conséquent de sa défense, est une question essentielle, globale, qui ne saurait se satisfaire durablement d'être partagée entre des

« concepts » : 1) une « défense de l'Europe », la défense collective, donnée à l'Otan, dont la caractéristique première est son lien avec les États-Unis, hérité de la Seconde Guerre mondiale et de la guerre froide, le fameux lien transatlantique, et 2) l'Europe de la défense, lente héritière de l'Union de l'Europe occidentale (UEO), qui ne pouvait pas se déployer pendant la guerre froide à l'ombre de l'Otan, poussée par la France, relancée depuis la déclaration franco-britannique en 1998 à Saint-Malo, et qui poursuit avec plus ou moins de bonheur son chemin et tente de permettre à l'Europe en tant que telle de s'affirmer comme un acteur crédible sur la scène internationale.

Alors pourquoi est-ce difficile ? Au-delà de l'esprit de « paix perpétuelle » qui baigne l'Europe et de la dureté de la « crise », deux séries de raisons l'expliquent.

En premier lieu, l'Europe n'est pas une nation, loin s'en faut. C'est l'essentiel. L'Europe collectionne les prix d'excellence : PIB, commerce, industrie, agriculture, culture. Mais quelle est la vraie portée collective de ces indicateurs ?

En second lieu, la mise en œuvre technique des décisions prises dans ce domaine de souveraineté, qui est au cœur de la raison d'être des États, est une entreprise extraordinairement compliquée lorsqu'il s'agit de donner une réalité budgétaire aux traités et aux discours. Elle est soumise aux vents débridés de la mondialisation qui posent en termes nouveaux la géopolitique du monde et par conséquent la question militaire.

Pour autant, les choses avancent et le bilan de l'Europe de la défense n'est pas négligeable ; ses avocats peuvent articuler un discours positif à défaut d'être totalement convaincant.

Lorsque l'on traite des questions de défense, on ne doit jamais perdre de vue que le terme « défense » est venu se substituer aux mots « guerre » ou « armée », que l'on se situe dans un champ où est légitimé le fait de donner ou de recevoir la mort au nom des intérêts supérieurs d'une nation représentée par un État. Au sein d'une alliance, cette réalité essentielle ne disparaît pas et s'impose aux chefs d'État. On ne peut pas faire aujourd'hui, lorsqu'on réfléchit sur la guerre, les armées, la défense, l'économie d'une réflexion sur la réalité de ce que représentent la nation et l'État.

L'Union européenne est constituée de nations historiques dont cinq ou six au moins – le Royaume-Uni, l'Espagne, le Portugal, l'Autriche, les Pays-Bas et la France – ont prétendu à l'hégémonie mondiale, sans compter « les cités-États » comme Bruges, Venise, Anvers, Amsterdam ou Gênes. Aujourd'hui, deux sont membres permanents du Conseil de sécurité des Nations unies, mais pas l'Europe en tant que telle. Ces nations sont le fruit d'une histoire violente, tourmentée, de destructions mutuelles, de renaissances. Elles se sont constituées au cours non pas d'années, mais de siècles, plus d'un millénaire pour certaines. Elles sont toutes la conséquence d'un lent processus de formation débuté en 376 par le franchissement du Danube par les Goths et qui aboutira trois siècles plus tard, après la disparition de l'Empire romain, à la formation de la première nation européenne, l'Espagne gothique conçue par un esprit visionnaire : Isidore de Séville, à partir de la nationalisation des provinces de cet Empire romain et la transposition de ses structures.

L'existence d'un *rex*, d'une *gens*, d'une *patria* dans chacune de ces provinces rendait possible cette évolution décisive qui allait, comme le rappelle Suzanne Teillet, « sur les ruines de la patrie romaine, substituer à la conception impériale du monde occidental, une nouvelle Europe, issue de l'Europe des invasions préfigurant celle qui va devenir l'Europe des nations ou l'Europe des patries ». Le mouvement d'unification arrivé après le drame quasi suicidaire qu'ont constitué les deux guerres mondiales vient clore, peut-être, cette longue histoire-là pour en écrire une autre.

Sur des sujets de cette ampleur, les durées sont séculaires, c'est-à-dire loin du temps politique et médiatique de nos démocraties modernes. Dépasser la nation n'est pas de l'ordre du droit mais touche à l'essence même de l'organisation politique des sociétés humaines.

Or, une armée n'existe que par rapport à une nation. D'où la difficulté essentielle de la construction d'un système militaire supranational et la complexité du fonctionnement d'une alliance sur un mode permanent.

Cette question se pose avec une acuité toute particulière aujourd'hui avec l'accélération de la mondialisation. Certes, le phénomène de la mondialisation, compris comme la mise en réseau du monde pour des échanges commerciaux en principe pacifique, n'est pas absolument nouveau.

Mais cette mondialisation – avec le développement spectaculaire des échanges commerciaux, la redistribution de la production industrielle, l'instantanéité de l'information et la prise de conscience d'une solidarité planétaire – impacte de plein fouet les nations et les États, car elle entraîne la dévalorisation des frontières, brouille les cartes du pouvoir et bouleverse radicalement les conditions de la sécurité du monde et jusqu'à la vision que l'on avait de la guerre au point, aux yeux de certains, de la rendre obsolète et d'en nier la réalité anthropologique.

Il y a donc, comme l'a noté Pierre Hassner, un écartèlement entre mondialisation et nation. « Du point de vue économique, il y a un marché mondial et des communications transnationales. Mais, du point de vue politique, il y a toujours des nations et des États. » Qu'en est-il de la guerre à l'heure de la mondialisation ? Celle-ci, appuyée par le développement des démocraties, verra-t-elle l'extinction des rivalités entre États, rivalités qui seraient la source véritable des guerres ? Cependant que l'humanité consacrerait son énergie à humaniser la planète et à la sauver dans une prise de conscience collective ? Ou bien, au contraire, la mondialisation, par la transparence qu'elle installe, en rendant les inégalités insupportables, ne sera-t-elle pas source de tensions nouvelles et de conflits nouveaux ?

À ce stade, c'est plutôt la dernière hypothèse qui s'impose. En 2012, le Stockholm International Peace Research Institute a recensé 16 conflits majeurs, tous intraétatiques et causant des dizaines de milliers de morts. Mais il faut aussi noter, au passage, la rareté des conflits intraétatiques ces vingt dernières années.

La construction d'une Europe de la défense crédible et efficace se heurte donc à deux réalités fondamentales qui pèsent en sens contraire sur la forte volonté politique nécessaire à une entreprise de cette dimension : les nations préexistantes à l'Union qui rendent difficile l'abandon de souveraineté et la mondialisation qui tend à évacuer l'idée de guerre et pousse à un gouvernement mondial disposant d'une sorte de police internationale pour étouffer et régler les conflits qui apparaissent.

Du point de vue de l'Europe de la défense, cela a trois conséquences.

La première, c'est évidemment que, dans le domaine de la politique étrangère, qui est, avec la défense, au cœur du rôle des pouvoirs exécutifs des nations, toutes les tentatives de parvenir à une politique commune se heurtent à des réalités indépassables.

L'Europe, c'est aujourd'hui 28 pays avec la Croatie. Elle est restée longtemps une sorte de club à 6 puis à 15. Le débat « approfondissement-élargissement » a définitivement été tranché par l'élargissement. Or, il est plus difficile de traiter des questions d'essence régaliennes dans une assemblée à 28 que dans un club à 6 ou à 15. Les membres se connaissent moins bien, sont plus étrangers les uns aux autres et, surtout, ont plus de difficulté à s'entendre sur une vision commune de leurs intérêts et sur ce qui les menace. L'histoire, la géographie, la culture pèsent de tout leur poids. En particulier, les traditions diplomatiques britanniques et françaises, acteurs historiques toujours reconnus dans le monde, et la puissance économique et commerciale de l'Allemagne influencent le jeu subtil des équilibres intra-européens.

La deuxième, c'est que la mondialisation et l'idée de gouvernance mondiale qu'elle implique de manière plus ou moins revendiquée rendent moins perceptibles, dans l'esprit des citoyens du monde, les impératifs d'une politique de défense s'appuyant sur des capacités militaires robustes.

Enfin, l'existence de l'Otan, perçue comme l'organisation militaire solide et sérieuse à la fois, rassure et apparaît comme l'assurance-vie qui, avec la dissuasion nucléaire, même si cela est loin d'être admis par tout le monde, garantit la survie des nations européennes face à l'inattendu et à l'imprévisible.

Pour autant, aujourd'hui encore, l'objectif d'une Europe puissance dans un monde aussi incertain que le nôtre doit être poursuivi avec acharnement par les dirigeants européens, et cette Europe puissance doit s'appuyer aussi sur une capacité d'action militaire globale et autonome. C'est aujourd'hui comme hier et demain la condition pour rester à la fois acteur respecté de la scène mondiale et maître de son destin.

Dès la fin de la Seconde Guerre mondiale, le décor de la défense de l'Europe se met en place.

La première étape, c'est d'abord le traité de Bruxelles créant l'UEO (1948), puis le traité de Washington institutionnalisant le lien transatlantique (1949) et, avec la montée de la menace soviétique ouvrant la voie à une organisation spécifique militaire de ce traité, l'Otan (1950), enfin la mise en échec par la France du projet pourtant français de CED, la Communauté européenne de Défense, qui rendra tabou, jusqu'à aujourd'hui encore, l'expression « armée européenne ».

Ce sont, parallèlement, les étapes de la construction européenne : la déclaration Schuman, la création de la Ceca dont l'objectif était bien de rendre la guerre impossible entre la France et l'Allemagne. Puis le traité fondateur, celui de Rome en 1957.

Dès le départ, la construction européenne ne se voit pas comme une organisation de défense – il y a l'Otan et l'UEO –, mais comme une organisation économique. Toutefois, le plan Fouchet-de Gaulle, mort-né, proposera déjà en 1961 une politique étrangère et une politique de défense communes dans une Europe des États.

Avec la fin de la guerre froide et l'implosion du pacte de Varsovie, la question de la sécurité européenne entre dans une ère entièrement nouvelle, mais l'Otan n'est pas remise en cause. Ce point a suscité assez peu d'exégèse. Faut-il y voir une sorte de désintérêt de l'Europe face à ses responsabilités militaires, une mesure de bon sens, une facilité ? Néanmoins, elle entraîna, sous l'impulsion logique de la France, une sorte de réveil de l'UEO qui se concrétisera notamment par la déclaration de Petersberg et ses fameuses missions humanitaires ou d'évacuation des ressortissants, missions de maintien de la paix, missions de forces de combat pour la gestion des crises, y compris des opérations de maintien de la paix.

Ces missions auront un impact durable sur une espèce de spécialisation esquissée entre l'Otan et l'UE, spécialisation qui plane toujours, quoi que l'on dise, sur la vision bruxelloise. La propension à favoriser le *soft power*, selon la terminologie chère à Joseph Nye, c'est-à-dire la capacité d'influence, sur le *hard power*, c'est-à-dire l'emploi de la force, ne cessera d'être confortée, d'autant qu'elle n'est pas dénuée de succès.

Dans le même temps, tous les traités européens (Maastricht, Nice, Amsterdam et Lisbonne), renforcés par la déclaration franco-britannique de Saint-Malo, affirmeront la claire volonté d'une politique étrangère et de défense commune et l'organiseront pas à pas en la dotant des instruments que nous connaissons aujourd'hui : politique de sécurité et de défense commune, Agence européenne de défense, etc.

De ce rappel historique très succinct se dégage une idée majeure : l'Otan, quelque architecture que l'on imagine, reste aux yeux de nos partenaires l'organisation qui a en charge la défense de l'Europe, et toutes les tentatives faites pour faire exister une Europe de la défense autonome seront soit mal comprises, soit jugées inutiles. L'affaire libyenne en a apporté une démonstration cinglante.

Derrière ces considérations dogmatiques se pose la question cruciale et centrale des capacités militaires nécessaires pour donner une réelle substance à ces politiques :

les objectifs étant fixés, quels sont les personnels, les équipements, les budgets, la capacité industrielle, la recherche nécessaires pour les atteindre ? On oublie trop souvent dans ce domaine que, s'il y a deux organisations, l'Otan et l'UE, il n'y a au niveau de chaque nation qu'un seul budget de la défense et qu'une seule organisation militaire. Il n'y a pas trois budgets, l'un pour l'Otan, l'autre pour l'UE et un troisième pour ce qui demeure des besoins nationaux. Et il en est de même pour les moyens, les hommes, les équipements, les unités. Toute unité peut être indifféremment employée par l'une ou l'autre des organisations. Un *battle group* de l'UE peut être aussi labellisé NRF (Nato Reaction Force).

Quel est l'objectif concret de la défense européenne ? Quel est le niveau d'ambition militaire que l'Union s'est fixé ? Cet objectif a été clairement explicité à partir de ce que l'on appelle le *Headline Goal* de Helsinki. Il est très « raisonnable » pour 28 pays, 500 millions d'habitants, qui forment un ensemble qui produit plus de 20 % du PIB mondial. Il a été successivement approuvé par les conseils européens en 1999, 2004 et 2008, ce qui est heureux, car il faut de la constance dans la poursuite des objectifs militaires. Il est en cohérence avec le document publié en décembre 2003 et qui reste la charte stratégique de l'Union européenne, *Une Europe sûre dans un monde meilleur*.

S'il est relativement facile de définir un objectif global cohérent sur le papier, il n'est en revanche pas simple d'orienter 28 systèmes militaires différents et modestes, qui existent depuis des décennies, qui sont placés sous la responsabilité d'exécutifs nationaux et qui ont une relation distanciée avec les organes concepteurs bruxellois. La construction, le maintien d'un outil militaire à l'échelon national, c'est un combat difficile, exigeant et qui obéit à des procédures, à des contraintes fortes.

En France, le processus de programmation militaire, constamment amélioré depuis qu'il a été mis en place pour permettre la réalisation de notre force de dissuasion, a permis – on ne le dit pas assez – à notre pays de conserver jusqu'à présent un outil militaire crédible, complet et adapté. Il obéit naturellement à un calendrier national qui découle de contraintes exécutives et législatives. En l'absence d'un exécutif européen fort, une harmonisation de l'ensemble de ces procédures à 28 est une gageure.

Ce qui ne veut pas dire qu'il ne peut pas y avoir coordination, mais le schéma classique – objectifs, programmation, décisions – ne peut pas s'appliquer de manière absolue dans l'Union européenne actuelle. Tous ceux qui disent le contraire n'ont pas été confrontés aux travaux herculéens que constitue la mise au point d'une loi de programmation militaire.

Mais c'est évidemment la question des moyens financiers – la question des budgets, l'ardente obligation de la réduction de la dette et des déficits – qui est devenue l'arme absolue pour faire entendre raison partout en Europe aux budgets de défense. Les budgets sont nationaux et ils sont la concrétisation d'une volonté politique. Or que voit-on ? Essentiellement deux choses : force est de constater que les Européens, depuis la fin de la guerre froide, ont fait le choix d'encaisser les dividendes de la paix. Partout, dans le monde, les dépenses militaires augmentent – 50 % en dix ans – sauf en Europe.

En 2011, l'UE a dépensé de l'ordre de 181 milliards d'euros pour sa défense, soit 30 milliards de moins qu'en 2007. Cela représente 1,37 % du PIB européen, alors que c'est de l'ordre de 2 % qu'il faudrait consacrer pour atteindre les objectifs fixés.

Treize pays consacrent moins de 1 % à leur défense, dont l'Italie et la Suède qui ont pourtant une industrie de défense non négligeable. Le Royaume-Uni et la France, qui jusqu'à présent ont su maintenir des capacités crédibles, ont également, face à la crise, des difficultés à maintenir un effort de défense significatif. Déjà, le traité de Lancaster House, dont l'avènement en 2012 fut célébré avec autant d'enthousiasme que la déclaration de Saint-Malo en 1998, piétine. L'Allemagne, dont on connaît la réticence à l'emploi de la force, pourrait à terme devenir le premier budget militaire européen.

De surcroît, si l'Europe dépense moins, elle dépense mal. Malgré un budget inférieur de plus de moitié à celui des États-Unis, elle aligne 1,6 million de militaires contre 1,4 et consacre 51 % aux dépenses de personnel contre 32 % pour les USA. À ces difficultés budgétaires, qui entraînent la « fonte des armées européennes », s'ajoutent les difficultés de l'Agence européenne de défense (AED) à faire en sorte que les budgets existants soient mieux dépensés. Globalement, les Européens ne dépensent que 15 % à des acquisitions nouvelles, du reste pas toujours en ligne avec les objectifs retenus. La mise en commun de moyens et le partage capacitaire, objectifs toujours mis en avant sous des appellations diverses depuis plus de vingt ans – *pooling and sharing* étant la dernière en date – peine à porter ses fruits faute de vision commune. À titre d'exemple, les forces armées européennes disposent de sept types d'hélicoptères de combat et de quatre types d'avions de chasse de dernière génération. La constitution de la fameuse base industrielle et technologique de défense européenne (BITDE) est constamment et solennellement invoquée, de telle façon que l'on a toujours l'impression, à lire les mêmes communiqués, que régulièrement une aube nouvelle se lève sur la défense européenne.

Pour autant, l'UE dispose d'une industrie de l'armement qui vient, à son échelle bien entendu, en deuxième position derrière les États-Unis : 600 000 emplois directs, 384 milliards d'euros de chiffre d'affaires et 10,9 milliards d'euros de crédits de recherche.

Les avocats inconditionnels de l'Europe de la défense mettent en avant avec raison les succès dont elle peut se prévaloir. Il y a d'abord les acquis institutionnels patiemment élaborés traité après traité, dont le service européen d'action extérieure (SEAE) est le plus emblématique. Mais chacun sait aussi qu'il fut dès sa naissance contenu dans son essor par la volonté des nations, au premier rang desquelles le Royaume-Uni et la France.

Tous ces avocats font valoir avec fierté que l'Union européenne est à ce jour l'un des seuls acteurs internationaux à pouvoir mobiliser les volets politique, diplomatique, économique, juridique, policier et militaire concourant à la résolution d'une crise complexe.

Mais les résultats obtenus sont tout de même modestes. Quand on examine finement les huit opérations militaires lancées depuis 2003 (EU Tchad, Kivu, Congo, EUTM[1] Somalie, EU Navfor Atalanta, Eucap Nestor, EUTM Mali), on doit certes s'en féliciter mais en même temps porter un regard critique sur les moyens mobilisés au regard de la puissance européenne globale mobilisable, et sur leur ambition.

La vérité, c'est que le traité de Lisbonne, malgré ses réelles nouveautés, n'a pas donné d'élan supplémentaire.

---

1. EUTM : European Training Mission.

La crise économique et la démotivation pour les questions de défense qu'elle entraîne l'expliquent en grande partie. Constatant le peu d'allant de ses deux principaux partenaires militaires, le président Giscard d'Estaing concluait avec amertume : « Ce qui signifie que l'Europe de la défense restera un rêve. »

Mais le retrait relatif des États-Unis, notamment avec le « pivot vers l'Asie », rappelle que la question de la défense de l'Europe se posera inévitablement en des termes désormais plus pressants. L'Europe ne pourra pas éviter de répondre sérieusement à trois questions de fond : quelle vision commune et quels moyens ? Quelle relation avec son voisinage (Russie, Méditerranée, Afrique) ? Comment traiter à l'échelle de l'Europe la question de la dissuasion nucléaire ? Une Europe sans défense crédible, seule ou ne comptant que sur son *soft power*, pourrait vite déchanter.

Puissions-nous nous souvenir que le premier principe de précaution doit être de maintenir des capacités militaires crédibles et suffisantes pour faire face à ce que nous n'aurions pas su prévoir.

4

S'entendre sur une politique étrangère

Hubert Védrine

Le titre de cet ouvrage demande réflexion : n'est-ce pas l'inverse de ce que nous observons et vivons avec la fin du monopole occidental du pouvoir et de la richesse ? Sauf si l'on considère que l'Ouest est défini de façon longitudinale et non géopolitique, auquel cas le Brésil, ambitieux, dopé par les performances d'émergent de la décennie écoulée, pourrait dire : « L'Ouest, c'est aussi nous. Le soleil se lève chez nous. »

L'ÉQUILIBRE EST UNE ILLUSION

À part quelques moments impériaux (et encore), il y a peu d'épisodes stables dans l'histoire. Il y a des périodes, comme le XIXᵉ siècle qui a été stable assez longtemps après le congrès de Vienne, grâce à l'équilibre des forces – principe funestement transgressé une quinzaine d'années avant 1914. Mais on ne peut pas espérer créer, tels des démiurges, un monde global équilibré. Cela n'a aucune chance d'arriver. Même les vainqueurs des deux guerres mondiales n'y sont pas parvenus... En revanche, ce qui nous intéresse, c'est le fait que les déséquilibres en cours traduisent une dynamique positive, et que cette dynamique soit gérée, canalisée, par des règles collectivement admises.

Les facteurs de déséquilibres accrus seront encore là demain. Et, d'abord, la grande redistribution des pouvoirs en cours. Les Occidentaux, Européens puis Américains, qui ont longtemps eu le monopole de la puissance, de la richesse et du pouvoir ont perdu ce monopole. Ils n'ont pas perdu la richesse ou le pouvoir, mais, avec la montée explosive des émergents, ils en ont perdu le monopole. Cela va se poursuivre et s'accentuer. On n'a pas encore tout vu. Cela va encore bouleverser beaucoup de normes, de hiérarchies, de valeurs, d'idées et même de principes philosophiques, pas uniquement géopolitiques ou stratégiques, tout ce qui était occidentalo-centré et occidentalo-prédominant. La transformation démographique se poursuit. La population de certains pays continue à diminuer (Japon, Russie, Allemagne), d'autres (Inde, Indonésie, Afrique) à augmenter. La relativisation du poids des Européens va se poursuivre.

Le développement illimité de la sphère financière déréglementée, au cours des trente dernières années, fait qu'elle n'a presque plus aucun rapport avec l'économie réelle, sauf un rapport de nuisance (le risque qu'elle fait planer sur l'économie réelle) : ce n'est pas près d'être complètement corrigé, même si, au G20, les dirigeants en expriment l'intention. On pourrait aussi parler des mouvements migratoires très vastes, à l'œuvre dans le monde entier (3 % de la population mondiale chaque année). Ce n'est pas qu'une question européenne, voyez entre autres les mouvements vers l'Afrique du Sud ou en Asie. Ils sont peu et mal contrôlés, presque incontrôlables.

En ce qui concerne la puissance, et le fameux monde « multipolaire », certains pôles montent et d'autres descendent. Quant à l'Europe, on ne sait pas trop. Il y a des ascensions rapides, par exemple le budget de la défense de la Chine. Mais les États-Unis ne voudront pas pour autant lâcher la position de numéro 1, surtout sur le plan militaire et sur celui du contrôle des océans. Ce n'est donc pas demain matin que le monde sera équilibré et stable, et que nous vivrons dans la fameuse, sympathique mais illusoire « communauté internationale » trop tôt proclamée. Belle idée, mais qui reste un projet.

QUELQUES PERSPECTIVES DE RÉÉQUILIBRAGE

Malgré tout, certains éléments apparaissent qui permettent de nuancer ce tableau. D'abord, en ce qui concerne le rééquilibrage de la puissance, je pense que les principaux et les premiers émergents (BRICS) ont mangé leur pain blanc. Certains Chinois lucides disent : « On a eu cent ans d'humiliation, trente ans d'erreurs (Mao), trente années glorieuses (Deng), nos Trente Glorieuses... et, maintenant, on va connaître des difficultés sérieuses. »

Si on examine chaque émergent sur les plans de l'économie, du commerce, de la hausse des prix, de celle des salaires, et bien sûr de la question politique, pour les pays qui ne sont pas encore des démocraties, cela va être moins facile que ça ne l'a été. Cela peut limiter les suites du rééquilibrage en cours, mais cela ne l'effacera pas. On aurait bien tort, en tant qu'Occidentaux, de se dire : « On est tranquilles. On a absorbé le choc des émergents et, maintenant, les salaires vont monter chez eux, et cela ne va plus tellement changer. » Non, même avec ces difficultés nouvelles, les émergents, qui sont déjà en partie émergés, vont continuer à croître, bien qu'il n'y ait pas d'unité véritable entre eux, en dehors de la rhétorique commune de revendication contre les privilèges hérités de l'histoire des Occidentaux. Ensuite, ils seront en compétition entre eux. On ne reviendra pas à un état précédent.

L'autre élément positif, si l'on ne rate pas le tournant, n'est pas la *transition* énergétique, à laquelle je ne crois pas vraiment dans le sens radical qu'on lui donne en ce moment. Je ne crois pas que nous soyons sur le point d'abandonner le pétrole ou le gaz, à un terme humainement prévisible. Pour preuve, le gaz de schiste et les gaz non conventionnels aux États-Unis, grâce auxquels ils deviennent brusquement l'un des pays occidentaux les moins polluants en CO_2, à présent loin devant l'Allemagne, qui continue à subventionner son charbon et sa lignite – sortie du nucléaire oblige ! – et qui est plus que jamais le premier émetteur de CO_2 en Europe. Je ne crois donc pas à une transition énergétique radicale et rapide. Il y aura du nucléaire pendant encore très longtemps, mais plus sûr, et porté notamment par les émergents.

Mais, en même temps, la *diversification* énergétique est possible, et nécessaire. Elle crée de nouveaux terrains de compétences, de compétitivité et de valeur ajoutée, une nouvelle hiérarchie économique, y compris à notre profit, si l'on ne rate pas ce tournant.

Où EN EST NOTRE CAPACITÉ DE REBOND ?

Venons-en à la question de la capacité de rebond des Occidentaux par eux-mêmes : des Américains et des Européens.

On voudrait être sûr que les États-Unis conservent la capacité de rebondir, peut-être, à travers une formidable avancée en matière de recherche et de technologie. Cela supposerait un système politique sorti, après les élections de l'automne 2012, de l'autoparalysie dans laquelle il est en train de s'enferrer. D'ailleurs, une décision récente de la Cour suprême peut donner l'espérance que le système ne s'est pas entièrement bloqué, mais cela tient à la position particulière d'un juge clairvoyant, qui n'a pas voté comme espéré par des républicains[1]. C'est fragile ! On voit bien à quel point le système des *checks and balances* handicape maintenant les États-Unis dans la conduite de la plupart des grandes politiques. Il faudrait aussi que les États-Unis arrivent à redompter la finance, ce que beaucoup attendaient de Barack Obama. Ils ont créé en vingt à trente ans une sorte de Frankenstein financier. Vont-ils arriver à le maîtriser ? Rien n'est moins sûr.

L'EUROPE MINÉE PAR LE DOUTE

On doit pourtant constater qu'il y a encore, aux États-Unis, une source d'énergie, dans tous les sens du terme, une croyance dans l'Amérique, le progrès, l'avenir et la capacité de rebond, et que c'est beaucoup moins vrai en Europe. Si les Européens arrivaient à clarifier enfin, un jour, ce que doit être l'Europe sur les plans politique et institutionnel, comment peut se répartir au mieux la décision entre le niveau européen et les niveaux États/nations, mais

---

1. John Roberts, président conservateur de la Cour suprême, a rejoint le vote des quatre juges démocrates, validant ainsi la réforme de Barack Obama sur la couverture sociale de 32 millions d'Américains.

aussi sur le plan géographique, jusqu'où élargir, cela irait déjà mieux.

Sur le plan diplomatique, l'Europe restera-t-elle une grosse ONG sympathique, une sorte de Croix-Rouge un peu sermonneuse, ou bien une puissance en formation ? S'il y a une région au monde minée par l'absence de confiance en soi, par une défiance inédite dans le progrès, et ce depuis le milieu du XXᵉ siècle, c'est bien celle-là. Il n'y a pas d'autre endroit au monde où l'opinion est à ce point recroquevillée, inquiète et sur la défensive. Cela a l'air absurde de mêler la psychologie à ces réflexions, mais je pense que cela influe sur le comportement de tout décideur politique, économique et scientifique et, évidemment, de n'importe quel électeur en Europe. Je ne vois pas le paradoxe géographiquement provocateur et optimiste d'un soleil qui se lèverait à l'ouest se concrétiser s'il n'y a pas, d'une façon ou d'une autre en Europe, un choc positif, qui modifie et alimente les perspectives d'une croissance qui soit en plus, comme dans les slogans, une croissance « durable ». Il y a bien un lieu où les principales puissances se rencontrent et en débattent, c'est le G20. Or ce n'est pas un gouvernement du monde, c'est une enceinte à l'intérieur de laquelle la compétition continue, mais où des coopérations peuvent aussi se nouer.

SAVOIR CE QUE L'ON VEUT

Tout dépendra, finalement, de la capacité des Occidentaux à avoir dans la mêlée mondiale des stratégies clairvoyantes à long terme qui ne se contrediraient pas trop. C'est la question qui nous est posée. Avoir une stratégie signifie savoir ce que nous voulons, avoir des objectifs clairs à long terme, chacun des pays européens s'articulant avec les autres. En commençant par la France et l'Allemagne, puis les pays de la zone euro, puis les autres pays de l'Union. Il faudrait aussi que ce soit cohérent ou, en tout cas, pas en contradiction avec les États-Unis. Or, si l'on prend les cinq ou six derniers grands sommets mondiaux, il y a plusieurs sujets où les Européens et les États-Unis n'étaient pas sur la même ligne. Cette stratégie est facile à énoncer, mais difficile à réaliser. En tout cas, il n'y aura pas de sursaut si les Occidentaux n'ont pas une stratégie cohérente à long terme vis-à-vis des émergents, par rapport à l'Afrique, l'Amérique latine, etc.

Pour le moment, ces Occidentaux sont sous pression des émergents et en compétition entre eux. Une stratégie impliquerait pourtant que nous répondions aux questions suivantes : « Qu'encourage-t-on chez les émergents ? Qu'accepte-t-on ? À quoi ne peut-on rien ? Qu'essaie-t-on de corriger, de contrebalancer, voire d'empêcher ? »

Pour le moment, par exemple, chaque grand pays occidental mène avec la Chine trois ou quatre politiques en même temps, contradictoires, non arbitrées et, peut-être, non arbitrables.

COMPTER AUTREMENT

Nous n'arriverons à concrétiser l'affirmation audacieuse d'un soleil qui se relève à l'ouest que s'il y a un vrai sursaut stratégique des Occidentaux sur ces sujets (au-delà des capacités d'épargne et des capacités technologiques).

Je souhaite qu'ils parviennent en même temps à s'emparer de la problématique de l'« écologisation », au lieu de la reporter à plus tard sous prétexte de crise, pour en faire le moteur de la fameuse « croissance durable », ce qui sera, un jour, équivalent de croissance tout court... Quand il n'y aura plus une croissance prédatrice d'un côté et des gadgets de développement durable de l'autre. Mais on n'y arrivera que si l'on change les modes de calcul du PIB et si l'on parvient à prendre en compte et à évaluer non seulement les flux, mais aussi les éléments de patrimoine et, notamment, les éléments de patrimoine naturel qui peuvent être détruits par la croissance et ne sont pas remplaçables. Surmonter cette contradiction, c'est ce que l'on attendait de la Commission Sen-Fitoussi-Stiglitz, qui a à mon avis trop mélangé l'écologique et le social. Pour que cela soit utile, il faudrait reprendre cela. Le jour où l'on parviendra à introduire ces données chiffrées du patrimoine écologique dans le marché, je pense que le marché sera confirmé comme étant le système le plus efficient que l'on ait jamais inventé, une sorte de *smart market*. Tout dépend des données qu'on entre dans ce système. Voilà les conditions, à mes yeux, pour que ce soleil, dont on nous parle, se lève à nouveau depuis l'Ouest !

5

S'appuyer
sur l'entente franco-allemande

Jacques Mistral et Henrik Uterwedde

Dans la période troublée que nous traversons, marquée par la montée régulière du chômage et les rebondissements de la crise de l'eurozone, il est bon de se remémorer quatre aspects importants du siècle écoulé : le processus d'intégration européenne, amorcé dans les années 1950 après un demi-siècle de guerres et de destructions, n'a cessé depuis de se renforcer en assurant sur une base solide la paix et (jusqu'à la crise financière) la prospérité du continent ; les élargissements successifs ont démontré les vertus de la méthode et confirmé l'attrait que représentait l'adhésion pour tant de pays dont personne n'imaginait, pour certains, que cela se produise si tôt (Chypre, Estonie, Slovénie par exemple) ; l'apparition de périodes d'euroscepticisme après chaque avancée importante rappelle aussi que l'histoire de cette intégration toujours plus poussée n'a rien d'un long fleuve tranquille mais constitue plutôt (comme tout processus politique) un cheminement heurté ; dans ce cheminement, enfin, la relation franco-allemande a représenté depuis les origines un élément moteur particulièrement important, parfois parce qu'il s'agissait de reprendre l'initiative, mais toujours parce qu'il n'y a pas de compromis possible à l'échelle européenne sans compromis d'abord entre ces deux pays.

UNE HISTOIRE FAITE D'INTÉRÊTS COMMUNS ET DE CONCEPTIONS ÉCONOMIQUES DIFFÉRENTES

Nous avons célébré cette année, malheureusement sans euphorie excessive, le cinquantième anniversaire du traité de l'Élysée. Le chancelier Adenauer et le général de Gaulle ont scellé alors la réconciliation de nos deux pays, une initiative véritablement visionnaire et qui a produit de nombreux fruits. La politique économique n'est pas au centre du traité de l'Élysée de 1963 mais fait bien partie des domaines de coopération franco-allemande énumérés en vue de parvenir, autant que possible, « à une position analogue ». Dès le début, en tout cas, la politique économique a occupé une place particulière dans la coopération franco-allemande. La France et l'Allemagne, les deux économies les plus importantes de la zone euro, entretiennent des liens particulièrement étroits en matière d'échanges et d'investissements. Ils représentent aussi deux variantes d'un même modèle économique et social qui cherche un bon équilibre entre le marché, la réglementation et la redistribution, un modèle que les deux pays ont grand intérêt à défendre sur la scène mondiale à l'heure de la « concurrence des capitalismes[1] ». Une véritable et très étroite communauté d'intérêts existe donc entre les deux nations qui aiment par

---

1. Voir l'ouvrage collectif du Cercle des économistes, *La guerre des capitalismes aura lieu*, Perrin, 2008.

ailleurs à se désigner elles-mêmes comme étant le « moteur » de l'intégration européenne. Seulement voilà : les deux pays sont non seulement partenaires mais aussi concurrents, comme en témoignent l'évolution des parts de marché de nos industries automobiles respectives ou l'histoire assez agitée des deux grands consortiums franco-allemands, Aventis et EADS. Au surplus, ces différences d'intérêts ne représentent qu'une partie du problème et les différences anciennes en matière de politiques économiques nourrissent des préjugés tenaces que l'on avait espéré un moment voir s'effacer, en particulier dans la période où l'Allemagne était confrontée aux grandes difficultés consécutives à la réunification, mais qui ont refait surface dans la période récente.

En Allemagne, on tient par exemple pour acquis que la France reste génétiquement marquée par ses tentations dépensières en matière de finances publiques et par sa tradition colbertiste, qui ferait de la protection des producteurs nationaux la forme la plus élevée de l'intérêt général. Les hommes politiques français, tous bords confondus, prêtent il est vrai facilement le flanc à ces reproches, certains en font même un fonds de commerce électoral. Mais il y a quelque chose de biaisé dans ce résumé, car derrière la fanfare des trompettes du patriotisme économique français, la pratique, au demeurant encadrée par les règles strictes du marché européen, reste modérée. Quant à l'Allemagne, elle n'a pas hésité, au moment où elle ne pouvait faire autrement, à briser les tabous du pacte de stabilité, ce que les petits pays européens lui ont beaucoup reproché, et si sa tradition rigoureuse est respectable, ce n'est tout de même que très récemment qu'elle a pris les mesures de redressement financier qu'imposait l'évolution de ses finances publiques (les ratios dette/PIB sont similaires dans les deux pays en 2010). Quant à la rhétorique libérale enchâssée dans la doctrine dite de l'« ordolibéralisme », elle est appréciée en Allemagne pour ses références péremptoires au respect de la concurrence et des règles de marché mais cache souvent des pratiques interventionnistes qui sont une autre marque du capitaliste rhénan. L'économie allemande est en fait moins flexible et moins ouverte aux capitaux étrangers que le discours ne le laisse entendre. Si l'on constate enfin une certaine dilution de l'étroite alliance entre l'industrie et les banques qui a su, plus ou moins tacitement, préserver les groupes allemands d'une prise de contrôle étrangère (Deutschland AG), bon nombre de groupes allemands restent de fait bien protégés contre des OPA inamicales.

Au total, quand on examine la réalité du partenariat, on comprend pourquoi les intérêts communs sont immenses et on voit que les contrastes sont réels mais beaucoup moins tranchés qu'on le pense souvent. En revanche, on voit aussi que des rivalités économiques ou des divergences ayant des racines historiques ou culturelles peuvent entretenir des préjugés qui ont la vie dure ; ils se sont malheureusement renforcés ces dernières années et ils ne facilitent pas la gestion de la crise dans l'eurozone. Il faut comprendre pourquoi et essayer d'infléchir ces tendances néfastes.

LA PRÉSIDENCE SARKOZY, LA GESTION DE CRISE ET LE COUPLE « MERKOZY »

Les deux premières années de la présidence Sarkozy ont été marquées par la mésentente. La relation bilatérale a été frappée de stérilité, voire d'aigreur, et ce n'était pas qu'une question de style. Parmi les initiatives qui ont irrité en Allemagne figure le projet d'une « Union de la Méditerranée » dans lequel on a vu outre-Rhin une sorte de renversement d'alliances qui permettrait à la France, suivant les vues des souverainistes qui en étaient les artisans, de prendre ses distances avec une « Europe allemande ». Voulant multiplier les fruits engrangés à l'occasion du sauvetage d'Alstom quand il n'était que ministre, Nicolas Sarkozy devenu président a, autre exemple, embouché de manière tonitruante les trompettes de la politique industrielle, thème particulièrement détesté outre-Rhin. Après le déclenchement de la crise, les deux pays ont éprouvé bien des difficultés pour accorder leurs violons. Cela fut particulièrement vrai lors de la présidence française de l'Union européenne, quand de multiples initiatives du président Sarkozy se heurtèrent à des hésitations, voire des refus allemands : plan européen de sauvetage des banques, ampleur du plan de relance, opportunité d'un gouvernement économique dans l'eurozone, création d'un « fonds souverain européen »... Ainsi a-t-on vu renaître des différends franco-allemands que l'on croyait éteints, la question des différences dans les choix économiques fondamentaux a resurgi, de vieux réflexes témoignent de ce que l'incompréhension du partenaire restait profonde. À tort ou à raison, on s'est montré, côté allemand, de plus en plus irrité par le retour de l'« interventionnisme étatique » et du « laxisme budgétaire » chez le voisin ; côté français, on montrait du doigt les limites du modèle de croissance allemand tiré par les exportations, taxé d'égoïste car reposant sur une politique économique non coopérative, voire agressive, au détriment de ses partenaires.

Le déroulement de la crise a donné lieu à deux réactions différentes de part et d'autre du Rhin. L'Allemagne a subi de plein fouet l'effondrement de la demande mondiale, mais elle a immédiatement placé ses espoirs dans sa puissance exportatrice pour rebondir de plus belle après ;

quant à la France, moins directement touchée parce que moins exportatrice, elle y a vu une nouvelle occasion de célébrer les mérites de son modèle traditionnel en oubliant les faiblesses d'un modèle social non financé et d'une compétitivité en berne. Cette autosatisfaction est au fond, dans un cas comme dans l'autre, assez provinciale ; elle n'a certainement pas aidé à dégager le chemin pour trouver une réponse cohérente aux défis posés par la crise de la dette. On en connaît le cheminement chaotique : les initiatives françaises, plus ou moins bienvenues mais entachées vis-à-vis de Berlin d'un manque de crédibilité sur le sérieux de leur application ; les réticences allemandes, compréhensibles mais aux effets délétères vis-à-vis des marchés parce qu'elles ne pouvaient qu'entretenir les doutes sur la solidité d'un engagement arraché à contrecœur et les compromis qui en résultaient, aux conséquences parfois néfastes, comme celui de Deauville qui, avec ce que l'on a appelé PSI (en français l'implication du secteur privé), a instauré la punition des créanciers et naturellement fait fuir les investisseurs dont les pays du Sud avaient cruellement besoin. Dans la dernière année du quinquennat de Nicolas Sarkozy, on a finalement vu émerger dans l'eurozone une figure politique nouvelle baptisée « Merkozy ». Le président français, voyant que l'Italie basculait en juillet 2011 du côté des pays sous perfusion, décidait alors de se ranger sous la bannière de la chancelière pour améliorer son image et préserver les chances de la France de conserver sa notation AAA ; ce fut, comme on le sait, trop peu, trop tard. Et cela affaiblit encore le partenariat puisque la France désormais se privait elle-même de jouer en Europe le rôle qu'elle avait toujours joué, celui d'un partenaire solide mais défendant des positions différentes jusqu'à ce qu'un bon compromis soit trouvé entre les deux pays.

Quoi qu'il en soit, après trois ans de crise, l'eurozone franchissait un cap décisif avec le sommet de juin 2012 qui affichait, sur la base de propositions principalement allemandes, la volonté des chefs d'État et de gouvernement de renforcer l'union monétaire en la fondant sur une triple union fiscale, bancaire et politique ; peu après, une fois cette volonté politique clairement réaffirmée, le président de la BCE, Mario Draghi, pouvait éteindre le feu qui couvait sur les marchés en déclarant que la banque « ferait tout ce qui était nécessaire pour assurer la survie de l'euro ». Mais l'eurozone se trouvait aussi face à un nouveau défi car, parallèlement, montaient les risques d'un ralentissement de la croissance, voire d'une nouvelle récession, résultat inévitable et par trop prévisible d'une politique généralisée d'austérité. C'est dans ce contexte que s'ouvrait en France une nouvelle présidence.

RIGUEUR ET CROISSANCE
APRÈS L'ÉLECTION DE FRANÇOIS HOLLANDE

C'est avec un grand intérêt que l'on a suivi en Allemagne la campagne présidentielle française. On a bien sûr porté une attention particulière à la politique de rigueur budgétaire que la chancelière Merkel avait fait inscrire, avec le soutien de Nicolas Sarkozy, dans le pacte fiscal européen. François Hollande ayant contesté la logique d'« austérité » du pacte et annoncé vouloir le renégocier, cette mise en cause assez frontale de la politique d'Angela Merkel a été mal perçue en Allemagne : selon un sondage effectué quelques jours avant le scrutin, 50 % des Allemands préféraient Nicolas Sarkozy contre 24 % soutenant François Hollande. Ils partageaient ainsi l'avis d'Angela Merkel qui avait refusé de recevoir François Hollande avant le scrutin et s'était publiquement prononcée en faveur du président sortant. Il vaut la peine de s'arrêter un instant sur ce geste, qui est inconcevable dans des relations de nature diplomatique ; ce qu'il faut y voir, c'est donc plutôt l'amorce d'une dynamique politique domestique qui n'a pas encore de possibilité d'expression adéquate à l'échelle de l'Union. En tout cas, dans ce contexte, la victoire de François Hollande ne pouvait provoquer en Allemagne que des réactions mitigées. Dans les milieux économiques régnait un grand scepticisme sur le programme économique ; au gouvernement, on craignait que la politique de redressement budgétaire en Europe, si difficilement engagée, ne soit mise en péril ; en revanche, le SPD et les milieux de gauche espéraient un renouveau du débat sur le degré optimal de rigueur. Où en est-on un an et demi plus tard ?

Il y a d'abord, de la part du nouveau président, un engagement affiché, répété, appliqué avec énergie, de restaurer les finances publiques de la France. L'engagement du candidat de revenir à l'équilibre à la fin du quinquennat apparaît finalement comme la toute première priorité du gouvernement de Jean-Marc Ayrault. Ce gouvernement a immédiatement mis en œuvre des mesures budgétaires correctrices sur 2012, préparé et fait voter un budget 2013 de rigueur visant un déficit de 3 % (après 4,5 % en 2012) et fait adopter par le Parlement ce que prévoyait le pacte fiscal adopté par les chefs d'État et de gouvernement au printemps ; tout cela, évidemment, au grand déplaisir de la fraction la plus à gauche de la majorité présidentielle. Au printemps 2013, on voit que les prévisions sur lesquelles était fondé ce budget étaient trop optimistes, que de nouvelles mesures sont indispensables, et le Premier ministre a dès février demandé de nouvelles coupes à ses ministres. Ces efforts sont-ils enfin reconnus ? Si Berlin attend encore les résultats et semble considérer la France comme toujours tentée de franchir la ligne jaune, le gouvernement fédéral fait preuve de souplesse en acceptant la décision de la Commission d'accorder un délai supplémentaire pour le retour à l'objectif de 3 % à la France et à l'Espagne. Le ministre des Finances Wolfgang Schäuble renvoie au fait que le nouveau pacte de stabilité « permet une certaine flexibilité dans le respect des règles ». Cela dit, cette ouverture est conditionnée par la demande de réformes structurelles en vue d'améliorer la compétitivité. De même, le gouvernement fédéral semble devenu plus sensible au plaidoyer français visant à trouver un bon équilibre entre l'objectif de gestion rigoureuse et le risque de basculer dans la récession. L'initiative franco-allemande en faveur d'un *new deal* européen pour l'emploi des jeunes va dans ce sens quand elle affirme que « les efforts de réforme et de consolidation doivent se doubler d'une ambition nouvelle en faveur de l'emploi et de la croissance, qui anticipera les changements de fond apportés par nos mesures structurelles ».

Interrogeons-nous alors, en prenant un peu de hauteur, sur le slogan, « Le changement, c'est maintenant », sur lequel le candidat Hollande avait fait campagne. Ses électeurs, qui en attendaient le déploiement d'une politique plus généreuse, sont, comme le démontrent les sondages, plus que déçus en voyant s'accumuler les hausses d'impôt et les coupes budgétaires. Mais supposons un instant que François Hollande ait eu une ambition plus haute et que le véritable « changement » auquel il entendait s'atteler consistait à préparer l'eurozone au nouveau défi que l'on voyait se profiler, recréer les conditions d'une croissance qui ne peut pas uniquement reposer sur la généralisation du modèle allemand. Il fallait pour cela revenir au partenariat franco-allemand tel qu'il a fonctionné avec succès pendant tant d'années, partir de positions contrastées, bien comprendre les positions du partenaire et rechercher le terrain d'entente. Il y avait une condition préalable pour recréer cette dynamique, c'était de restaurer la crédibilité de la parole française devenue inaudible du fait des faiblesses financières. Ainsi s'explique l'engagement sans hésitation dans la voie de la rigueur ; mais il faut, comme on le sait, être deux pour danser le tango : le moins que l'on puisse dire, c'est que cette ambition, affaiblie par des positions peu compréhensibles en matière industrielle, n'a jusqu'ici pas suscité d'écho outre-Rhin. Le contraste est à cet égard intéressant avec ce que l'on observe sur les marchés.

Loin de fuir la France, sous prétexte qu'elle serait toujours menacée de retomber dans ses erreurs, la demande étrangère pour les titres français est restée bien orientée et fait que le *spread* par rapport aux emprunts allemands, supérieur à 1 % à la fin de la présidence Sarkozy, est tombé depuis l'été 2012 au voisinage de 0,65 % : les marchés, on le sait, redoutent plus que tout le danger déflationniste et l'on ne peut exclure qu'ils soutiennent la voie médiane du président Hollande. Cette ligne au contraire reste très mal comprise à Berlin où l'on hésite encore à reconnaître le nouvel effort de rigueur et de réforme du voisin. On peut ainsi se demander s'il faut voir dans les malentendus récents un nouvel épisode des « divergences franco-allemandes » rappelées plus haut, ou s'il s'agit, dans le prolongement de ce qui a été dit de la campagne, d'une classique opposition droite-gauche au sein d'un espace politique européen en voie de gestation de manière évidemment très confuse.

L'AVENIR DE L'EUROZONE
ET LE PARTENARIAT FRANCO-ALLEMAND

La crise des dettes souveraines a eu sur le partenariat franco-allemand deux effets contradictoires. D'un côté, la difficulté à concevoir et à mettre sur pied les dispositifs de sauvetage financier a révélé de très sensibles conflits d'intérêt : l'Allemagne a des raisons d'être prudente, elle connaît le slogan (qui peut se traduire en de nombreuses langues) : « L'Allemagne paiera ! » Sans union politique et budgétaire, c'est malheureusement à cela que se réduit par exemple la proposition si tentante pour les économistes des « eurobonds ». Mais la crise a aussi à nouveau rendu visible une réalité fondamentale : malgré leurs querelles de clochers, nos deux pays ont en commun l'essentiel, des visions très proches du modèle de développement qualifié d'un côté du Rhin d'« économie mixte » et de l'autre d'« économie sociale de marché ». Nous avons certes entre nos deux pays des sensibilités différentes en matière de politique industrielle ou de relations syndicats-patronat. Mais les choses évoluent. En France, par exemple, les mesures mises en œuvre en novembre 2012 dans le prolongement du rapport Gallois en faveur de la compétitivité, puis l'accord conclu entre les partenaires sociaux en janvier 2013 pour avancer dans la voie de la « flexisécurité » sont des signes prometteurs d'une évolution du modèle français. Il est vrai que le message a été brouillé au début par des voix discordantes au sein de la majorité, mais l'affirmation du choix des réformes par François Hollande lors de sa conférence de presse du 15 mai 2013 et son hommage appuyé à la politique des réformes de l'ancien chancelier Schröder, prononcé à Leipzig (« Le progrès, c'est aussi de faire des réformes courageuses pour préserver l'emploi et anticiper les mutations sociales et culturelles comme l'a montré Gerhard Schröder. On ne construit rien de solide en ignorant le réel »), vont dans la direction d'une adaptation du modèle français.

Alors ne confondons pas la paille et la poutre, nos différences sont des nuances si l'on compare ce qu'est l'Europe continentale et ce que les peuples veulent qu'elle soit demain avec les capitalismes américain, chinois ou autre, sans parler du modèle britannique. Il y a là une justification amplement suffisante pour continuer à avancer dans la voie de l'intégration.

Ce qui, dans cette perspective, a le plus souvent caractérisé la relation franco-allemande depuis le traité de l'Élysée, c'est justement la capacité des deux gouvernements à faire face à des défis considérés comme insurmontables. À plusieurs reprises, ils ont été capables de dessiner une vision commune de l'avenir, de dégager des pistes d'action réalistes et enfin d'entraîner leurs partenaires dans l'aventure. L'euro a résolu une équation simple : « Un grand marché unique requiert une monnaie unique » ; le succès, si improbable au départ, est là pour nous convaincre qu'il est possible de déplacer des montagnes même si le résultat n'est pas aussi parfait qu'on le souhaitait. Au-delà des symboles, il faut donc relancer aujourd'hui le moteur franco-allemand parce que les défis économiques et financiers posés après la fin de la phase la plus aiguë de la crise restent proprement gigantesques. Ce qu'il faut mettre en chantier aujourd'hui, c'est la triple union, fiscale, bancaire et politique, et la clé de voûte en est indiscutablement la composante politique sur laquelle on ne peut plus reculer. La chancelière allemande s'est prononcée en sa faveur, mais de manière bien vague, et la présidence française, de droite comme de gauche, est silencieuse. Pourtant, la décision de principe a été prise ; ce qu'il faut, c'est la rendre opérationnelle. Il y a là de quoi donner matière à une initiative concrète dans le prolongement de ce qu'ont su faire le chancelier Kohl et le président Mitterrand, et cela bien qu'ils n'aient pas été du même bord politique. Par rapport aux défis qui marquent notre temps, les reproches mutuels sur le laxisme ou la rigueur, le « nationalisme économique » ou l'« ordolibéralisme » apparaissent bien petits. Pire, ils sont un vrai poison, non seulement pour les relations franco-allemandes, mais pour toute l'Union européenne. Il faut, comme nos deux pays et nos deux gouvernements ont su le faire depuis cinquante ans, renoncer à caricaturer les positions du voisin ou à les instrumentaliser à des fins politiciennes et prendre plutôt la juste mesure de ce qui nous unit et le mettre en avant. À cet égard, la lecture d'un sondage mené par le Pew Research Center dans huit pays européens est édifiante quant à l'état des opinions publiques. Il y est révélé, entre autres, que la gestion de la crise par Angela Merkel est plébiscitée tant en France (74 %) qu'en Allemagne (80 %), que la réduction de la dette publique entamée par le président Hollande est vue comme une priorité par 81 % des Français, et qu'une légère majorité des Allemands (52 %) se prononce d'ores et déjà pour une assistance financière en faveur des pays européens en crise. Voilà qui relativise certains slogans faciles de part et d'autre du Rhin !

Nos différences, alors, cessent d'être un obstacle mais s'avèrent au contraire fructueuses parce que l'on aura créé un climat de confiance mutuelle, la franchise dans les débats, le respect du partenaire, de sa culture et de ses contraintes.

L'équation une nouvelle fois est « simple », comme au moment où l'on a lancé la monnaie unique : la solidarité ne consiste pas à dépenser sans contrôle, la rigueur est nécessaire, mais la tolérance des peuples au chômage de masse n'est pas illimitée, les réactions populistes ne sont pas une aberration, c'est le résultat d'espoirs évanouis ; et, surtout, l'Europe a besoin de créer des emplois. La réponse à trouver est d'une immense complexité mais, face à ces attentes, les gouvernements seraient bien inspirés d'éviter de transposer à Bruxelles les querelles désolantes et improductives des démocrates et des républicains à Washington. Ce qui, pour simplifier, est à Washington un divorce gauche-droite est en Europe un divorce Nord-Sud, et les relents nationalistes que peut véhiculer cette opposition sont le plus dangereux des poisons. Ce n'est pas le moment de ruiner les efforts qui ont éliminé avec succès pendant plus d'un demi-siècle les ferments destructeurs du nationalisme. Les peuples en Europe savent que leurs destins sont liés, ils ne veulent pas renoncer à la monnaie unique, ils savent qu'il n'y a point de salut dans le repli sur soi mais seulement, comme l'a exprimé à merveille il y a plus de deux siècles le préambule de la Constitution américaine, dans une intégration « encore plus parfaite ». Leurs gouvernements doivent trouver une inspiration dans ces quelques mots et se hisser ainsi, comme leurs prédécesseurs ont su le faire dans des circonstances dont il serait absurde de croire qu'elles étaient « plus faciles », à la hauteur des défis que leur soumet l'histoire. Le défi, aujourd'hui, consiste à définir, au meilleur sens du terme, un véritable patriotisme européen et à en promouvoir la réalité au travers d'institutions politiques appropriées ; et cela, comme en 1963, ne peut résulter que d'une initiative franco-allemande.

6

Gérer la Grande Europe[1]

Kemal Derviş

Au mois de mai 2014, l'Europe élira un nouveau Parlement. Il est trop hasardeux de prévoir avec précision dans quel état seront les économies européennes à cette date, surtout celles qui sont, en 2013, encore au milieu d'une crise de l'emploi et de la croissance sans précédent depuis les dernières décennies. La situation politique et économique à l'intérieur de chaque pays va être déterminante pour les résultats de ces élections. Mais il serait très désirable qu'elles soient aussi l'occasion d'un grand débat paneuropéen sur l'avenir de l'Europe. Il serait bon d'encourager ce débat parmi les gouvernements nationaux et la société civile, une conversation dont l'Europe a grand besoin. En

---

1. Ce chapitre reprend les idées développées lors d'une conférence à la Maison de l'Europe le 19 février 2013. Une analyse un peu plus détaillée du troisième scénario est contenu dans un article intitulé « Europe in 2025 : What we want and what we'll probably get », *Europe's World*, automne 2013. Un article en espagnol, intitulé « Europa : perspectivas para el futuro », paru dans le magasine *Temas* (n° 224, juillet 2013), argumente dans la même direction.

2013, sans aucun doute, l'Europe est encore en crise. Mario Draghi a réussi à renverser la tendance des marchés financiers depuis sa déclaration du 26 juillet 2012, que la Banque centrale européenne ferait « tout ce qui est nécessaire pour sauver l'euro », ajoutant, menace à peine voilée envers les spéculateurs tentés de parier contre l'euro : « Croyez-moi, ça sera suffisant. » Après la déclaration du Conseil européen de juin 2013 donnant son accord du moins implicite, la BCE a pu déjouer les calculs de ceux, nombreux surtout parmi les économistes anglo-saxons, qui pariaient contre l'euro, au moins jusqu'au jour où ces lignes sont écrites. Et cela sans vraiment dépenser un seul euro en appui à cette déclaration.

Mais, malgré une légère reprise à partir de l'été, le taux de chômage dans l'eurozone frôle les 12 %. En Espagne et en Grèce, il est au-dessus de 25 %, chiffre qui rappelle les difficiles années 1930. La croissance est proche de zéro depuis deux ans et le degré de confiance qu'expriment les citoyens de l'Europe envers l'Union est au plus bas. C'est un symbole de l'époque dans laquelle nous vivons et le drame d'une mondialisation mal gérée, ou gérée au profit des plus nantis, que de voir les marchés financiers souvent célébrés malgré la souffrance des plus vulnérables... Mais ce ne sont pas seulement les citoyens sans emploi au Sud qui se plaignent. Même en Allemagne des voix s'élèvent demandant si l'eurozone reste désirable.

Dans le débat sur l'avenir vers lequel doit s'engager l'Europe à la veille de l'échéance électorale de 2014, une question cruciale se pose : quelle sera la relation entre l'Union européenne et l'avenir de l'eurozone ? Est-ce qu'il y a un avenir pour une grande Union européenne, et un avenir un peu différent pour l'eurozone ? Ou est-ce qu'à moyen terme tous les pays qui appartiennent à l'Union vont appartenir à la zone euro ? La gouvernance de cette dernière sera-t-elle donc celle de l'Union tout entière ?

L'AVENIR DE L'EUROZONE : L'INCONTOURNABLE BESOIN DE « PLUS D'UNION »

Au-delà des hauts et des bas des marchés financiers, une croissance soutenable et stable dans l'eurozone, apte à créer suffisamment d'emplois, nécessite une intégration beaucoup plus poussée que celle qui existe jusqu'à maintenant à l'intérieur de l'eurozone. L'embellie des marchés financiers ne doit pas tromper : ils reviennent de niveaux extrêmement bas qui reflétaient la peur d'un effondrement imminent de l'euro. Cette peur a été vaincue pour le moment, surtout grâce à l'engagement fort de la BCE « de faire ce qui est nécessaire ». Il y a eu, aussi, les réformes et les mesures d'austérité dans les pays en crise. Elles ont certes contribué à un certain retour de la confiance. Mais on peut aussi penser que la consolidation fiscale a été à deux tranchants. D'une part, le fait qu'un effort très considérable ait été fourni et que les dépenses publiques aient été réduites a donné un signal d'une volonté d'ajustement qui a tranquillisé les marchés financiers. Cependant, comme on peut le lire même dans les analyses du FMI, une austérité trop agressive peut être contre-productive pour les indicateurs de la dette publique, si le résultat est une baisse plus forte du PIB par rapport à la dette. Il faut, après tout, réduire le ratio de la dette au PIB ; si ce dernier chute plus rapidement que la dette, on entre dans un cercle vicieux dont il est difficile de sortir.

Malgré l'accalmie sur les marchés financiers, il ne faut pas croire, pour prendre un exemple, que la situation soit soutenable en Espagne. Le pays emprunte à plus de 5 % à moyen terme, avec une croissance prévue proche de zéro au cours des trois prochaines années. Pour une vraie sortie de crise, il faut que les taux d'intérêt que doivent payer les pays du Sud baissent de façon durable et que leur croissance augmente en un mouvement convergent. Pour cela, il faudra que les nouveaux engagements pris lors des divers sommets soient appliqués pleinement dans tous les pays de l'eurozone, que les mécanismes qu'ils prévoient soient mis en œuvre par une Commission européenne qui veille à la discipline budgétaire, mais une Commission qui démontre aussi un souci d'action anticyclique et qui soit pleinement consciente de la différence entre facteurs conjoncturels et structurels. Il faudra aussi aller de l'avant avec l'union bancaire, non seulement en ce qui concerne la supervision bancaire, mais aussi en mettant en place un mécanisme de résolution en cas de nécessité et une assurance-dépôt crédible au niveau de l'eurozone. Nous en sommes loin.

Beaucoup d'analystes s'accordent aussi sur la nécessité de mettre en place certaines autres mesures encore à agréer, telles qu'une assurance chômage de base partielle à l'échelle européenne et une mutualisation partielle dans l'émission de la dette souveraine. Cette mutualisation partielle pourrait être réalisée en séparant la dette « héritée » du passé des nouvelles émissions, et sous contrainte de certaines conditions préalables, qui devront être remplies pour qu'un pays puisse participer à l'émission d'eurobonds.

Ce qu'il faut souligner, c'est que tout cela ne pourra être légitime que si des mécanismes démocratiques se développent au-delà des États-nations et qu'un espace politique se crée au niveau de l'eurozone. Il ne peut y avoir plus d'intégration économique sans plus d'intégration politique. La

Cour de Karlsruhe y veillera. Les citoyens, aussi, veulent se sentir représentés et consultés. L'eurozone est au bord d'une limite « politique » qu'il faudra franchir.

Il faut, dans ce contexte, que la surveillance démocratique puisse fonctionner, soit par la création d'un sous-groupe « eurozone » du Parlement européen existant, soit par la création d'un « Parlement eurozone », avec participation d'europarlementaires et de députés nationaux, appartenant aux commissions budgétaires et sociales des parlements nationaux. Nous observons aujourd'hui le débat sur l'union bancaire : les « technocrates » ont voulu contourner le Parlement européen en essayant d'ancrer les modalités de cette union bancaire dans un article du traité qui ne donne qu'un rôle consultatif au Parlement. Et, pourtant, il est raisonnable qu'une avancée aussi importante soit consentie par le Parlement. En revanche, il ne sera pas légitime que des eurodéputés britanniques ou suédois votent au sujet d'une union bancaire à laquelle leurs pays ne participent pas.

Sans progrès institutionnels, la crise de l'eurozone, et, à travers elle, celle de l'Europe, ne pourra pas être durablement surmontée. En fin 2012, le niveau du PIB de l'eurozone était nettement en dessous de son niveau de 2007. Aux États-Unis, pendant la même période, il a tout de même augmenté de 3 %, en Turquie de 16 %, en Chine de plus de 50 %, au Brésil de 17 %. Malgré une petite reprise en 2013, les projections pour les années à venir restent très modestes pour l'eurozone. Je pense que ce serait une erreur de croire que l'éclaircie considérable des marchés financiers soit suffisante pour permettre à l'eurozone d'abandonner ses efforts d'intégration plus avancée, y compris dans le domaine social. Si l'euro doit survivre à moyen terme et si l'on veut que l'eurozone devienne une zone de croissance et de prospérité, il y faudra plus d'intégration politique. On peut débattre du degré ou du contenu exact, mais sa nécessité essentielle est évidente.

QUEL RAPPORT ENTRE L'EUROZONE ET L'UNION EUROPÉENNE ?

Soyons clairs : l'eurozone n'est pas l'Union européenne. En 2013, onze pays sont membres de l'Union, mais pas de l'eurozone. Certes, le traité européen précise que « la monnaie de l'Union européenne est l'euro ». La Suède a jusqu'à maintenant réussi à ne pas adhérer à l'eurozone en utilisant une obscure manœuvre parlementaire. Plus important encore, le ministre des Finances de la Suède a récemment déclaré qu'une intégration accrue de l'eurozone serait la fin de l'Union européenne. Ce qui est une déclaration peu rassurante pour ceux qui pensent qu'éventuellement tous les membres de l'Union, à part peut-être le Royaume-Uni, seront membres de l'eurozone. D'autres pays comme la République tchèque et la Pologne se sont engagés à adopter l'euro, mais hésitent.

En prenant acte de cette situation, on peut sérieusement réfléchir à trois scénarios.

Le premier est un scénario d'enlisement de l'Europe dans une sorte de crise chronique, un manque de décisions et de mise en œuvre des réformes, par conséquent un accroissement de la désaffection des citoyens envers une Europe qui n'arrive pas à produire des résultats convaincants. Les relations entre pays du nord et pays du sud de l'Europe deviendraient encore plus tendues, et, lentement, un affaiblissement durable du grand projet européen serait inévitable. Il faut être réaliste, si le niveau de soutien populaire envers ce projet et ses institutions diminue d'année en

année, on verra peut-être même un éclatement de l'eurozone et, ensuite, de l'Union elle-même.
C'est un scénario qui aurait des conséquences néfastes
pour l'Europe et pour le monde. Si l'Europe se fragmente,
tous les pays concernés s'affaibliront. Et, à l'échelle mondiale, les valeurs européennes pèseront beaucoup moins. Je
ne pense pas encore que ce scénario soit probable, mais,
malheureusement, il n'est pas impensable.
Le deuxième scénario est celui d'une Union européenne
progressant dans un cadre légal qui demeure largement celui
d'avant la crise, mais avec l'eurozone s'organisant rapidement
à l'intérieur de ce cadre en une sorte d'union économique
et politique plus avancée, accompagnée d'un succès économique. Les pays qui ne font pas encore partie de l'eurozone s'y intégreraient dans la décennie à venir, y compris le
Royaume-Uni. Dans ce scénario, ce grand pays déciderait en
fin de compte qu'il ne peut pas rester en dehors de la dynamique européenne, telle qu'on la verrait à travers l'union
bancaire et le rôle accru des institutions européennes dans la
politique fiscale et dans la mutualisation partielle de la dette,
de peur de perdre toute influence dans l'espace européen, et
de ne pas participer à une nouvelle vague de croissance qui
serait créée par cette nouvelle phase d'intégration.
Un scénario deux bis, plus probable, serait similaire, mais
avec la différence importante que le Royaume-Uni décide
au contraire de sortir de l'Union : l'Union européenne et
la zone euro deviendraient identiques et avanceraient dans
une voie d'intégration plus étroite[1].

---

1. Des pays comme la Suède, le Danemark d'une part, la Roumanie
et la Bulgarie d'autre part, feraient tous, à terme, partie de l'eurozone.
Le Royaume-Uni deviendrait un pays « associé », sans être membre de
l'Union.

C'est un scénario possible, imaginable pour certains, peut-être même le plus désirable, mais, malgré tout, peu probable. La dynamique politique qui serait nécessaire à ce deuxième scénario est très difficile à créer. D'abord, le Royaume-Uni est très loin d'une décision de se joindre à un ensemble dans lequel le partage de souveraineté serait considérablement renforcé. Je n'imagine pas le Royaume-Uni rejoindre l'eurozone, quels que soient les détails plausibles de l'architecture que l'on essaye de construire. Mais même si on réfléchit en termes du scénario deux bis, donc sans le Royaume-Uni, j'ai beaucoup de mal aussi à voir la Suède s'intégrer dans cette eurozone renforcée. La Pologne hésite. D'autre part, il faudra beaucoup de temps, beaucoup plus que prévu auparavant, pour certains pays de l'Est, tels que la Bulgarie ou la Roumanie, pour remplir les conditions nécessaires à une intégration dans l'eurozone. Celle-ci ne répétera pas l'erreur commise en acceptant la Grèce avant qu'elle soit réellement prête. Mais, en même temps, je ne vois pas non plus le Royaume-Uni ou, a fortiori, la Suède quitter l'Union européenne. Une Europe sans Londres serait *in fine* difficile à concevoir, des deux côtés de la Manche, ainsi qu'à Berlin. Malgré certains espoirs à Londres, les États-Unis n'offrent pas du tout, de leur côté, une association privilégiée avec le Royaume-Uni. Au contraire, ils verraient d'un très mauvais œil un départ britannique de l'Union européenne.

Alors, quel est ce troisième scénario, celui qui, je pense, est le plus probable et constituerait une avancée importante pour l'Europe en termes de clarté de vision, nécessaire à tout débat politique, pour que les citoyens puissent trancher de manière démocratique en comprenant ce qui se passe.

Ce troisième scénario serait celui où la plupart des pays de l'eurozone, peut-être tous les pays qui ont déjà adopté l'euro et même quelques autres, progresseraient vers plus d'intégration, mais où il y aurait un deuxième groupe de pays, dont le Royaume-Uni et, pour des raisons diverses, la Suède, la Roumanie, la Bulgarie, peut-être aussi la Serbie, la Bosnie et d'autres pays des Balkans, qui seraient membres de l'Union européenne, mais pas membres de l'eurozone, au moins à l'horizon 2030. Ces pays feraient partie des institutions européennes telles que le Parlement européen, la Commission, le Conseil, mais l'eurozone aurait ses propres institutions ou mécanismes, à l'intérieur de ces institutions à dimension de l'Union. Il n'est pas impensable que la Pologne déciderait finalement de faire partie de ce groupe.

Ce troisième scénario ouvrirait aussi une nouvelle perspective pour les relations UE-Turquie. L'intégration de la Turquie à une Union où tous les pays appartiendraient à l'eurozone serait inespérée. Mais la Turquie en tant que membre d'un groupe de pays moins intégrés que ceux qui partagent leur souveraineté monétaire, cependant membre à part entière de l'Union et de ses institutions, comme la Suède et la Grande-Bretagne, constituerait peut-être une solution acceptable de part et d'autre.

Au-delà de ces deux cercles à l'intérieur de l'Union, il y aurait le voisinage euroméditerranéen, constitué de pays ayant des relations de coopération étroites avec l'Union.

Il y aurait donc deux Parlements, un pour l'eurozone et un pour l'Union européenne à part entière. Mais comment seraient-ils formés exactement ? Il y aurait probablement aussi deux types de commissaires européens, certains avec des compétences dans l'eurozone, d'autres avec des compétences à l'échelle de l'Union. Ou alors certains commissaires auraient une « double casquette ». Mais comment serait exactement constituée cette nouvelle Commission à deux composantes ? Un modèle qui existe déjà est évidemment celui de l'eurogroupe formé par les ministres des Finances de l'eurozone, différent de l'Ecofin où se retrouvent tous les ministres des Finances de l'Union. Mais ce n'est pas simple de répliquer ce modèle au niveau de la Commission. La Commission Union et la Commission eurozone seraient plutôt enchevêtrées l'une dans l'autre. Et il serait bon d'avoir un commissaire-ministre des Finances de l'eurozone, que beaucoup ont déjà appelé de leurs vœux, sans que cette personne soit nécessairement commissaire de la Grande Europe

Tout cela devient compliqué et l'articulation de ces voies différentes constitue un réel défi. Mais je ne vois pas comment l'Europe pourra aller de l'avant sans perdre le Royaume-Uni, et quelques autres membres existants ou prospectifs, si elle n'arrive pas à construire cette nouvelle gouvernance à deux dimensions. Pourtant, je n'envisage pas une Europe purement à la carte : ceux qui connaissent les institutions européennes savent que, si chaque pays a un statut spécifique, ça ne pourra plus fonctionner. Cela deviendrait ingérable. C'est là que je diffère de façon profonde de la vision énoncée le 23 janvier 2013 par David Cameron, Premier Ministre du Royaume-Uni, qui a fait l'hypothèse d'une « Europe à la carte », où chaque pays en dehors de l'eurozone aurait un statut distinct. Impossible, a réagi Carl Bildt, ministre des Affaires étrangères de Suède, pourtant très proche du Royaume-Uni : « *There cannot be a 28-speed Europe, [...] there would only be a mess*[1]. »

---

1. « On ne peut pas avoir une Europe à 28 vitesses, [...] ça ne servirait qu'à mettre la pagaille. »

Cela dit, il est possible – difficile mais possible – d'envisager une architecture avec essentiellement deux groupes de pays, un groupe euro et un deuxième groupe noneuro. Cette architecture devra s'organiser de façon à permettre une intégration de politiques fiscales et sociales de plus en plus soudées dans le groupe euro, et un fonctionnement de l'Union et du marché unique qui soit compatible avec l'existence d'un groupe non euro dans l'Union.

De plus, une monnaie est une caractéristique fondamentale d'une communauté « politique » : il y aura ceux qui ont et ceux qui n'ont pas de monnaie commune. Deux groupes, pas quatre, cinq ou six, pas non plus d'Europe à deux vitesses, car les deux groupes seraient durables, même si le passage d'un pays d'un groupe à l'autre demeurerait tout à fait envisageable. Alors il y aurait non pas une Europe à la carte, mais une Union européenne avec deux composantes fondamentales : la zone euro, espace quasi fédéral, et un groupe des pays membres de l'Union ayant gardé leur monnaie nationale. Les deux groupes constitueraient le grand marché unique, y compris pour les services. Tous deux seraient unis par une architecture institutionnelle durable, complexe mais gérable, soutenue par une légitimité démocratique à travers un rôle renforcé du Parlement européen, avec deux « étages » qui se réuniraient ensemble et séparément, selon le sujet débattu et le vote requis. Un de ces étages pourrait inclure des députés des parlements nationaux. Bien que l'architecture et les règles qui la régissent soient durables, un pays de l'Union hors de l'eurozone pourrait la rejoindre après un accord mutuel.

Ça ne sera pas facile. Ça n'a jamais été facile de faire avancer le projet européen. Et il y aura sans doute certaines « spécificités » ou « exceptions temporaires » pour certains pays individuels. Il faudra regarder de très près la relation entre la zone Schengen et l'eurozone. En tout cas, la liberté de travailler à travers toute l'Union doit faire partie d'un grand marché unique, bien que le contrôle des frontières puisse rester national pour certains membres de l'Union, pourvu que ce contrôle n'entrave pas la liberté de travailler et donc d'habiter partout en Europe pour des citoyens d'un pays de l'Union.

Il n'est pas facile d'illustrer tout cela. Néanmoins est-il possible de décrire avec une précision équivalente une autre vision institutionnelle plus probable ou préférable, tout en étant faisable ? Celle de David Cameron est bien trop vague, au moins jusqu'à maintenant. Celle qui serait de tout simplement continuer avec l'architecture et les institutions existantes n'est pas réaliste non plus et sous-estime les tensions et dangers qui continueraient à menacer l'eurozone à moyen terme. Nous savons que l'inaction politique, à moins qu'il y ait une crise aiguë, est souvent la pseudosolution adoptée par des gouvernements, tiraillés entre des pressions immédiates et des opinions publiques contradictoires. Or la crise nous a appris que le coût de l'inaction et l'absence d'institutions nécessaires pour gérer une monnaie commune peuvent être énormes. Ce coût, ce sont les citoyens les plus vulnérables, surtout des pays du Sud, qui continuent à le payer, malgré l'atmosphère de quasi-fête sur les marchés financiers pendant la première moitié de 2013.

C'est le moment de profiter de l'accalmie pour régler le fond des problèmes structurels et institutionnels, non pas dans la panique ni le désordre, mais avec une détermination réfléchie qui pourra produire des résultats durables.

La période menant aux prochaines élections du Parlement européen devrait donner l'occasion à un grand débat sur une alternative institutionnelle et politique.

Une Europe qui évolue vers le modèle institutionnel décrit plus tôt aurait l'eurozone plus intégrée en son sein, et un deuxième groupe de pays hors de cette zone quasi fédérale, mais membres de l'Union et de ses institutions renouvelées. Ce groupe qui pourrait inclure, disons en 2020, le Royaume-Uni, après un référendum positif pour cette Europe-là en 2017, la Suède, la Norvège (devenue membre), peut-être un ou deux pays de plus d'Europe du Nord, et des pays du Sud-Est européen, tels que la Bulgarie et la Roumanie et aussi la Turquie. Il y aurait une Europe à la taille des États-Unis et de la Chine, avec une capacité économique, politique, diplomatique et de défense de premier plan.

Cette Europe pourrait peser de tout son poids dans les grands choix stratégiques qui se posent à l'humanité, des enjeux climatiques à la régulation des biotechnologies. Elle réunirait jusque dans ses parlements des populations à croyances et sensibilités chrétiennes, musulmanes, juives, agnostiques, athées et autres dans un cadre laïque, et avec un respect pour toutes les sensibilités et croyances. Elle donnerait au monde un exemple de gouvernance supranationale efficace et flexible, bâti de valeurs démocratiques de paix et de solidarité sociale, et continuerait à rayonner dans l'espace euroméditerranéen et dans le monde entier. Cette Europe pourrait être la preuve qu'il est possible de concilier l'ancrage local, la fidélité et la diversité culturelle et le sens d'une appartenance nationale, avec une gouvernance continentale à plusieurs niveaux, qui reflète les défis d'une économie de plus en plus globale.

Renouer avec la « grande politique »

Pierre Jacquet

Pourquoi poser la question du « nouveau système de valeurs » dans un ouvrage d'économistes consacré aux enjeux globaux, aux perspectives pour l'Occident et à son rôle dans la mondialisation ? Cette question conduit elle-même à deux autres interrogations : nos « valeurs », si tant est qu'elles puissent être définies, sont-elles aujourd'hui en question ? Faut-il adopter une approche proactive en la matière, et si oui, comment le faire ?

Quatre éléments de constat amènent à se préoccuper de l'évolution des valeurs.

LE CONSTAT

Capitalisme et valeurs

Tout d'abord, la crise économique et financière qui s'est enclenchée à partir de 2007 montre les dangers économiques et sociaux d'un capitalisme livré à lui-même et ses propres excès. Certes, le capitalisme est porteur d'une dynamique d'innovation et de prospérité, mais seules la régulation et l'intervention publique peuvent garantir que la collectivité y trouvera son compte dans la durée. Régulation et intervention publique sont elles-mêmes la plupart du temps imparfaites : elles entraînent autant de « défaillances » que les marchés, si bien que l'interaction entre ces deux modes d'organisation de l'économie et de la société est un apprentissage permanent, qui doit se nourrir d'une démarche évaluative systématique. Mais, pour évaluer, encore faut-il s'entendre sur les objectifs, et ces derniers sont indissociables du système de valeurs qui caractérise une société. Et c'est là qu'intervient l'une des principales faiblesses des dernières décennies. En principe, le capitalisme en tant que tel n'est pas un système de valeurs ; il est compatible avec plusieurs systèmes différents, comme le montrent les évolutions des sociétés et politiques américaine, française, allemande, ou encore chinoise et bien d'autres exemples. L'interaction culturelle, l'échange d'idées, de marchandises, de services ou de capitaux ou la mobilité internationale des personnes favorisent la communication entre des systèmes de valeurs différents et en influencent les évolutions, mais n'entraînent que des harmonisations très partielles, qui concernent probablement davantage des comportements (par exemple de consommation) que des « valeurs ». Bien plus, les « gains de l'échange » chers aux économistes trouvent leurs fondements dans la différence : différence de technologies, de dotations en facteurs de production, de goûts des consommateurs, etc. On peut en déduire que la force des marchés consiste à tirer profit des différences. Loin de fonder un système de valeurs, la dynamique de marchés s'accommode donc à la fois de systèmes très différents, mais aussi de manquements aux valeurs. C'est la raison pour laquelle les exigences éthiques et les valeurs collectives doivent sans arrêt être rappelées et confortées, puisque le système économique lui-même n'en est pas le garant spontané. Il est fascinant de constater combien cette évidence est constamment oubliée. De même, l'économie est une boîte à outils dont la mission n'est pas de défendre telle ou telle valeur, mais plutôt d'informer les décideurs de l'efficacité et des coûts comparés de différentes options pour poursuivre leurs objectifs. L'analyse économique postule les fonctions d'objectif, elle n'a pas pour essence de les déduire d'une réflexion normative. C'est donc un déficit politique beaucoup plus qu'un déterminisme économique qui a contribué à laisser se développer les excès récemment constatés.

La montée en puissance des pays émergents

Deuxième élément de constat, la montée en puissance des grands pays émergents, acteurs dorénavant majeurs de la gouvernance mondiale dans tous ses aspects, accroît la friction potentielle entre des systèmes de valeurs différents. On attend de ces pays qu'ils s'ajustent à l'ordre international que les pays industrialisés ont peu à peu constitué, alors qu'ils ont aussi vocation à le façonner. On a donc besoin d'un système international qui organise cette friction potentielle. Une approche féconde pourrait être celle de la « reconnaissance mutuelle » développée dans le cadre de l'intégration européenne : une connaissance respective approfondie et un socle minimal d'harmonisation conjugué à l'acceptation des différences. Certes, ce socle minimal ne sera pas facile à trouver. Comme l'a évoqué Pascal Lamy lors d'une intervention à New Delhi en janvier 2013, il devrait traduire l'acceptation, par les grands pays émergents, que leur objectif est de faire jeu égal avec les pays industrialisés, de leur « ressembler » en quelque sorte, et que cette acceptation devrait entraîner aussi celle de respecter des règles du jeu identiques. Du point de vue des pays industrialisés, cela suppose une volonté de négocier ces règles du jeu de façon suffisamment flexible. Ce socle minimal, essentiel à la gouvernance mondiale, n'implique pas de convergence des systèmes de valeurs au-delà de cette harmonisation limitée. Il s'agit en quelque sorte de faire de la différence non pas une source de tension mais l'une des richesses essentielles d'un système fondé sur l'interdépendance mondiale.

Le besoin d'action collective internationale

Le troisième élément de constat concerne l'importance déterminante des enjeux collectifs mondiaux, comme le réchauffement climatique, la perte de biodiversité, les nouvelles pandémies, la contagion des crises financières, etc. Dans la plupart des cas, la réponse est à trouver dans une action collective internationale impliquant tous les pays. Mais ces derniers n'accepteront d'entrer dans une telle action collective que si les engagements qu'elle implique sont acceptables au niveau national. Comme il s'agit de problématiques nouvelles, dont les implications économiques et sociales sont potentiellement considérables et pour lesquelles les meilleures approches restent à identifier, l'information sur les différentes options et leurs avantages et inconvénients respectifs est encore très incomplète. Cela pousse à tester avant de s'engager. Jamais le lien entre politiques nationales et gouvernance mondiale n'aura été aussi dense.

La conception des politiques publiques

Enfin, le dernier élément de constat renvoie au rôle des États et à l'exercice des politiques publiques : les gouvernants n'ont pas ou plus la maîtrise exclusive de l'action publique ; leur efficacité dépend de leur capacité à définir et faire partager des objectifs collectifs et sociaux, à exercer le leadership nécessaire au fonctionnement de la démocratie et à catalyser l'action d'une multitude d'acteurs, dans un contexte d'interdépendance internationale accrue. Ils font l'objet de « défaillances » de nature différente mais tout aussi préoccupantes que celles que l'on reproche aux marchés. La politique publique, qu'elle soit nationale ou doive s'exercer dans le cadre de la coopération internationale, apparaît ainsi davantage comme une question fondamentale de management, parfois hiérarchique mais essentiellement transversal et incitatif : la définition de valeurs communes, la vision, le sens de l'écoute, la fixation des objectifs et la capacité de les faire partager sont ainsi devenus des facteurs de réussite beaucoup plus fondamentaux que la seule expertise technocratique. Mais le rôle des entreprises et des différents représentants de la société civile est devenu déterminant.

LES ENJEUX

Qu'est-ce que le développement ?

Dans une certaine vision de « fin de l'histoire », ce mouvement vers des valeurs communes fait partie d'un processus hégélien de marche de l'histoire vers un triomphe universel des valeurs démocratiques et libérales, qu'un analyste comme Francis Fukuyama a pu croire parvenu à son terme au début des années 1990 avec la chute du mur de Berlin et les révolutions à l'Est. Il est tentant de définir le développement comme une avancée vers cette station ultime. C'est un peu ce que font Douglass North, John Wallis et Barry Weingast dans leur ambitieux essai sur la violence et les ordres sociaux, puisqu'ils définissent le développement comme la transition d'un ordre social à accès limité à un ordre social ouvert. De même, la World Values Survey Association analyse les systèmes de valeurs selon deux axes : l'axe horizontal mesure le degré d'expression de l'individu, tandis que l'axe vertical mesure le degré de rationalité laïque et séculière de la société. Cette classification partage le plan en plusieurs régions qui organisent de façon intéressante la géographie mondiale. L'association considère que le développement humain consiste à se déplacer dans ce plan vers le nord-est, à savoir vers un haut degré d'expression individuelle et une société laïque et rationnelle.

Ces travaux sont intéressants, d'une part, parce qu'ils abordent le développement d'une façon plus convaincante que par la seule croissance du PIB par habitant, d'autre part, parce qu'ils en soulignent le caractère inéluctable de transition sociale et institutionnelle intégrée (par opposition à une vision qui n'y verra qu'une suite d'enjeux industriels et entrepreneuriaux). Ils suggèrent aussi que le développement est indissociable de certaines valeurs de base, notamment liées à la liberté individuelle et à une certaine forme de rationalité dans l'exercice de cette liberté. Cependant, ils restent un peu muets sur la répartition des avantages du processus entre individus : la croyance que la démocratie libérale permet à chacun de s'exprimer et de réaliser ses capacités se heurte aux défaillances des marchés soulignées ci-dessus. Il faut donc compléter le processus naturel d'avancée des valeurs du libéralisme démocratique par une plus grande attention portée aux inégalités, à la répartition des revenus, aux dimensions éthiques, etc.

Une croissance inclusive et durable

Autrement dit, la liberté individuelle ne peut être porteuse de bien-être collectif que dans le contexte d'un projet social et politique. Le nouveau mot d'ordre de « croissance inclusive », au-delà des questionnements que suscite tout nouveau slogan simplificateur, semble traduire ce besoin. Il appelle à qualifier et dépasser l'approche benthamienne de la maximisation du PIB total, d'une part en intégrant les contraintes de soutenabilité de la croissance, d'autre part en s'intéressant aux inégalités. Ce besoin fait partie de la quête d'un « nouveau système de valeurs ».

Ce que cette discussion souligne également, c'est qu'il ne suffit pas de s'entendre sur des valeurs collectives, mais qu'il faut se préoccuper de la façon de les établir au-delà de l'invocation, dans les comportements des individus et des institutions. La mise en place de ces valeurs est ainsi indissociable des mécanismes de mesure et de suivi des comportements et des résultats, ce qui implique également la définition d'indicateurs adaptés. D'où l'importance de prolonger le travail engagé à la demande du président français en 2008 et confié à la commission animée par Joseph Stiglitz, Amartya Sen et Jean-Paul Fitoussi. Ce rapport préconisait notamment d'élargir la mesure du PIB dans deux directions, celle de la distribution des revenus, en adoptant une logique plus individuelle que moyenne, et celle de la soutenabilité.

Revenir à la « grande politique »

Le « nouveau système » de valeurs doit ainsi gérer l'interdépendance entre individus, entre entreprises et entre nations. Or, le déficit du « politique » empêche aujourd'hui de faire de l'interdépendance une richesse à préserver, il en accentue au contraire les dimensions conflictuelles. La « petite » politique a dorénavant pris la place de la « grande ». Ce que l'on appelait « grande politique » (*high politics*) dans une tradition hobbesienne renvoyait aux conditions fondamentales de sécurité des États et fondait de fait, en particulier pendant la guerre froide, le cadre de gestion de l'interdépendance globale. Pendant la guerre froide, il aurait été par exemple hors de question de laisser les escarmouches économiques, financières ou commerciales (*low politics* ou « petite politique ») mettre en danger la cohérence des grands systèmes d'alliance. Mais on a fini par prendre la « grande politique » pour acquise, et, depuis la fin de la guerre froide, le système est orphelin d'une mise à jour nécessaire des grands principes de la sécurité internationale. Les institutions internationales – Nations unies, Banque mondiale, FMI, OMC – ont permis de gérer crises et quotidien et d'éviter que le système se délite, mais elles ne peuvent se substituer à une réflexion profonde sur la mondialisation que l'on souhaite et les grands principes de gouvernance globale. Elles entretiennent aussi un confort illusoire dans la possibilité de traiter les grandes questions du moment dans une continuité institutionnelle faite d'adaptations successives et maîtrisées.

Or, l'articulation des objectifs nationaux et internationaux relève de la grande politique. Il ne faut pas la laisser déterminer par le seul jeu des forces dites « de marché », comme si ces dernières étaient porteuses des valeurs individuelles et collectives. Les réactions souvent égoïstes à la succession de crises que nous connaissons – tentation protectionniste ou de repli sur soi, critiques nationalistes, voire xénophobes, crainte de la différence, hostilité aux flux migratoires – confirment l'importance de rappeler les valeurs essentielles d'humanisme, d'ouverture, de respect de la diversité, de solidarité. Le débat nécessaire sur la gouvernance mondiale devrait commencer par affirmer ces valeurs et par réfléchir aux conditions nécessaires pour les préserver et les approfondir. C'est de la « grande politique », à laquelle ni les « marchés » ni le traitement de mesquines escarmouches ne conduiront spontanément. C'est un rôle essentiel pour le G20. Cependant, ce dernier semble enfermé dans une logique technocratique de « recherche de solutions » techniques, à grand renfort médiatique de problèmes certes importants mais guidés par l'actualité plus que par le souci d'organiser la gouvernance mondiale de façon durable. Outre le danger permanent de conduire à une déception amplifiée par les médias, cette approche n'est pas adaptée aux enjeux dont nous venons de discuter : la priorité d'une enceinte comme le G20 consiste à débattre des valeurs communes et du système de gouvernance susceptible de les affirmer, et donc d'assumer le rôle de leadership politique, au sens de la grande politique, qui aujourd'hui fait défaut. L'Europe ne peut rester à la marge : elle doit participer à ces débats. C'est dans son intérêt et dans celui du monde.

ÉPILOGUE

En cette fin d'année 2013, l'Europe paraît bien mal en point : récession, difficulté d'organisation politique, absence de coordination des politiques économiques... Tout concourt à donner de l'Union européenne une image négative.

Et pourtant ce livre vient confirmer l'évidence : l'Europe demeure une immense puissance – économique, commerciale, culturelle, financière. C'est ce que les auteurs venus du monde entier ont voulu rappeler. Mais, surtout, ils ont posé les bases à travers les multiples propositions de leurs contributions d'un modèle original, novateur, de gouvernance économique et politique de cet ensemble de pays.

Ce livre est peut-être le premier pas de la reconstruction de l'idée européenne et de l'immense espoir que cela peut, en cette période troublée, apporter à l'ensemble des nations du monde.

INDEX DES AUTEURS

Philippe AGHION
Membre du Cercle des économistes, professeur d'économie à l'université Harvard.

Mani Shankar AIYAR
Membre du Parlement indien.

Masahiko AOKI
Professeur et chercheur émérite à l'université Stanford.

Patrick ARTUS
Membre du Cercle des économistes, directeur de la Recherche et des Études de Natixis, professeur d'économie à l'université Paris 1-Panthéon-Sorbonne.

Jean-Paul BETBÈZE
Membre du Cercle des économistes, fondateur de Betbèze Conseil SAS.

Christian de BOISSIEU
Membre du Cercle des économistes, professeur d'économie à l'université Paris 1-Panthéon-Sorbonne, professeur au Collège d'Europe de Bruges.

Kemal DERVIŞ
Vice-président et directeur du programme « Économie Mondiale » à la Brookings Institution et membre du comité exécutif du Istanbul Policy Center.

Jean-Louis GEORGELIN
Grand Chancelier de la Légion d'honneur, chancelier de l'Ordre National du Mérite, ancien chef d'état-major des armées.

Pierre-Noël GIRAUD
Professeur d'économie au Cerna, Mines-Paris Tech.

Nadir GODREJ
Président de Godrej Industries Limited.

Pierre JACQUET
Membre du Cercle des économistes, président de Global Development Network.

Pascal LAMY
Ancien directeur général de l'Organisation mondiale du commerce.

Hervé LE BRAS
Directeur d'études à l'Institut national d'études démographiques et enseignant à l'École des hautes études en sciences sociales.

Jean-Hervé LORENZI
Président du Cercle des économistes, titulaire de la chaire Transition démographique, transition économique, conseiller auprès du directoire de la Compagnie financière Edmond de Rothschild.

Jacques MISTRAL
Membre du Cercle des économistes, *senior fellow* à la Brookings Institution, conseiller spécial à l'Institut français des relations internationales.

Andrew MORAVCSIK
Professeur et directeur à l'université de Princeton.

Olivier PASTRÉ
Membre du Cercle des économistes, professeur à l'université Paris-VIII, président d'IM Bank.

Jean PISANI-FERRY
Membre du Cercle des économistes, Commissaire général à la stratégie et à la prospective.

Anne-Marie SLAUGHTER
Professeur à l'université de Princeton.

Philippe TRAINAR
Membre du Cercle des économistes, professeur à l'université Paris-Dauphine, *chief risk officer* et membre du comité de direction du groupe Scor.

Alain TRANNOY
Membre du Cercle des économistes, directeur d'études à l'École des hautes études en sciences sociales.

Et si le soleil se levait à nouveau sur l'Europe ?

Henrik UTERWEDDE
Directeur adjoint du Deutsch-Französiches Institut
Ludwigsburg.

Hubert VÉDRINE
Ancien ministre des Affaires étrangères.

Thierry WEIL
Délégué général de la Fabrique de l'industrie.

Martin ZIGUÉLÉ
Ancien Premier ministre de la République centrafricaine.

www.ingramcontent.com/pod-product-compliance
Lightning Source LLC
Chambersburg PA
CBHW071851270326
41929CB00013B/2182